Liebe und Sexualität im Mittelalter

Ein GRIN-Sammelband

GRIN Verlag (Hrsg.)
Talia Baskaya
Saskia Kölsch
Alexandra Krüger
Greta Gamba

GRIN ☺

Bibliografische Information der Deutschen Nationalbibliothek:

Die Deutsche Nationalbibliothek verzeichnet diese Publikation in der Deutschen Nationalbibliografie; detaillierte bibliografische Daten sind im Internet über http://dnb.d-nb.de abrufbar.

ISBN: 9783389076163
Dieses Buch ist auch als E-Book erhältlich.

Coverbild: rabbit75_fot | stock.adobe.com

© GRIN Publishing GmbH
Trappentreustraße 1
80339 München

Druck und Bindung: Books on Demand GmbH, Norderstedt Germany
Gedruckt auf säurefreiem Papier aus verantwortungsvollen Quellen

Das Buch bei GRIN: https://www.grin.com/document/1510142

Liebe und Sexualität im Mittelalter

Ein GRIN-Sammelband

Inhaltsverzeichnis

Darstellungen und Wertungen von Liebe in Mittelalter, Neuzeit und Gegenwart

Talia Baskaya

1. Einleitung und Kurzbiografie

Zu Beginn sollte eine Kurzbiografie des Autors des Seminartextes gegeben werden. Der Mittwoch des 16. Novembers diente als Einstieg und behandelte zuvor das Leben Thomas von Aquins sowie mehrere kurze Exkurse zu weiterführenden Thematiken. Der Quellentext wurde noch nicht behandelt, jedoch bekamen wir schon die Kopien ausgehändigt. Es handelte sich um einen Auszug aus Thomas von Aquins „Summa theologiae" / „Liebe als Urgeschenk", dieser diente in weiteren Sitzungen als Quelltext, während kleinere Exkurse stattfanden.

Thomas von Aquin ist einer der bekanntesten und einflussreichsten Philosophen und durch seine Zugehörigkeit zu der römisch-katholischen Kirche ebenso ein namhafter Theologe. Geboren auf Schloss Roccasecca, eine Gemeinde in der Provinz Frosinone, welches in der Region Latium liegt, verfasste er Werke, die noch in unserer Zeit behandelt und als Vorlage genutzt werden. Durch die Nähe seines Geburtsortes zu der Stadt Aquino in Frosinone, wurde er italienisch Tommaso d'Aquino, in unserer Sprache jedoch zusätzlich Thomas Aquinas, nur Thomas oder der Aquinat genannt. In dem Schloss Roccasecca, welches neun Kilometer von Aquino entfernt ist, kam Thomas von Aquin als Kind des Grafen Landulf von Aquino und der Gräfin von Teate Donna Theodora, auf die Welt. Er hatte sechs Geschwister und als jüngster wurde er traditionsgemäß in die Obhut der geistlichen Ämter gegeben, in welchem Thomas Onkel Sinibald sich als Abt betätigte und in dessen Fußstapfen er treten sollte. Somit trat er mit fünf Jahren als Oblate in das Benediktinerkloster in Montecassino ein. Es folgte das fünfjährige Studium Generale[1] an der Universität in Neapel und im Anschluss wurde er Dominikaner.[2] Trotz all ihrer Bemühungen, welche unter anderem eine Entführung und anschließende Gefangenhaltung in Roccasecca beinhalteten, ließ Thomas nicht von seinem Vorhaben, Dominikaner zu sein, ab, was zur Folge hatte, dass die Familie schlussendlich einlenkte. Sein Studium setzte er bis 1248 in Paris fort und begleitete Albertus Magnus, welchen er während seines Studiums kennengelernt hatte, nach Köln, wo er von ihm lernte und ihm assistierte. Als er nach Paris zurückgekehrt war, lehrte er von 1252 bis 1256 über Petrus Lombardus[3] und ab 1256 als Magister der Theologie. Daraufhin kehrte er nach Neapel zurück und lehrte dort, bis

---

[1] Studium Generale: Große Schule des Mittelalters *(https://de.wikipedia.org/wiki/Studium_generale)*
[2] Dominikaner: 1215 als Bettelorden gegründet, aufgrund dessen von Thomas' Eltern nicht akzeptiert *(https://de.wikipedia.org/wiki/Thomas_von_Aquin)*
[3] Petrus Lombardus: Scholastischer Theologe, Leiter der Kathedralschule von Notre Dame, Bischof von Paris *(https://de.wikipedia.org/wiki/Petrus_Lombardus)*

er Konventslektor des Dominikanerkonvents wurde. Es folgten weitere Tätigkeiten als Magister in Rom und in Paris, währenddessen begann er mit seinen Schriften „Summa theologiae" / „Liebe als Urgeschenk" (welcher unser Grundlagentext im Seminar war) sowie einige Kommentare bezüglich Aristoteles, anschließend reiste er wieder nach Neapel und lehrte dort bis 1273. Er verstarb am 7. März 1274 und hinterlässt eine große Anzahl von Schriften, welche vermuten lassen, dass sein Hauptsekretär Recht hatte mit der Aussage, er habe drei bis vier Sekretären parallel diktiert. 1323 wurde vom Papst Johannes XXII heiliggesprochen, erst war er in der Basilika Saint-Sernin beerdigt, bis sie ihn in die Kirche Les Jacobins überführten.

2. Sitzungsprotokoll 16.11.2016

In dieser Seminarssitzung wurde zunächst angesprochen, dass die Liebe zu Gott nicht nur etwas Moralisches oder Frommes sei, ebensowenig ausschließlich eine Handlung des Menschen, sondern etwas, das die Menschheit nachhaltig und grundlegend verändern könne. Der Mensch sei geschaffen worden durch die Liebe Gottes den Menschen gegenüber und genauso würde der Mensch durch die Liebe vervollkommnet, somit sei hier der Fall, dass der Mensch durch Liebe zum vollen Menschen würde. Verlieben sich beispielsweise Person A und Person B ineinander, wird sowohl Person A mehr, als auch Person B. Außerdem hätte Liebe die Fähigkeit, jedem Ding einen Rang zu geben: So wie der Aufstieg zu Gott verschiedene Stufen habe und geordnet sei, so könnte ebendies auch die Liebe tun. Die Utopie sei eine Welt, in der die lenkende Kraft die Liebe, welche schaffend sei - denn wie oben erwähnt, sei die Welt an sich und ebenso die Menschen durch die Liebe Gottes erschaffen- statt des Hasses sei, welches vernichtende Charakteristika beinhalte.

Es folgte ein kurzer Exkurs zum Thema Liebe und Ehe im Judentum, welcher mit der Information begann, dass man, falls man als Jüdin Witwe wurde und noch kinderlos war, der Schwager die Witwe heiraten musste. Da man im Judentum stets auf den endgültigen Erlöser wartete, hoffte jede Frau, ebendiesen Erlöser gebären zu können und war dadurch nur dann vollwertig, wenn sie Kinder auf die Welt brachte. Auch wurde kurz angesprochen, dass Platon noch mit 80 Jahren ein Kind bekam, weil das Gesetz es so vorgeschrieben habe. Daraufhin besprachen wir das Frauenbild in Indien, bezüglich der Misshandlungen, der Abtreibung weiblicher Föten oder auch die verlangte Mitgift. Hierbei wurde ebenso die Massenvergewaltigung einer indischen Studentin erwähnt, welche größere Proteste gegen die verheimlichten Vergewaltigungen im Land auslöste. Anschließend wurde hervorgehoben, dass die Benachteiligung der Frauen nicht nur im Judentum oder in Indien vorkomme, sondern ebenso beispielsweise in der griechischen Antike: So ist beispielweise der Name von Perikles' erster Frau unbekannt, weil sie offensichtlich nichts Bedeutendes vollbracht hatte, jedoch die Namen seiner Söhne sind bekannt. Es gibt aber auch Gegenbeispiele, so etwa Epikur, welcher entgegen der Traditionen Ehepaare, Frauen und Sklaven als Schüler bei seinen Symposien auf.[4]

Daraufhin folgte die Bemerkung, dass die sogenannte „Freundschaftsliebe" in der Antike sehr wichtig gewesen, in der heutigen praktischen Ethik jedoch nicht bzw. wenig von Bedeutung sei. Auch bei Augustinus sei die Freundesliebe sehr stark ausgeprägt gewesen, die Feindes- und Nächstenliebe fehle hier wiederum, und die Freundschaft sei auch nur bedingt selbstlos. Im Neuen Testament wiederum werde die Nächstenliebe sehr groß geschrieben und spiele eine entscheidende Rolle.

Es wurde wiederholt, dass Gott den Menschen nur aus Liebe geschaffen habe und für ebendiese auch Ansprechpartner, in Personen. Diese Personen seien verschieden (also Frau und Mann) und die höchste Form der personalen Liebe sei die verschiedengeschlechtliche Liebe, welche zur Vervollkommnung führe. Die Liebe Gottes zur Kreatur sei wiederum begründet in der Trinität, wobei im Christentum die Trinität nie vollkommen erklärt und explizit spezifiziert würde und somit das komplizierteste Mysterium des Christentums darstelle. Man könne das Geheimnis der Trinität nicht verstehen, sondern nur glauben. Die Dreifaltigkeit sei darin manifestiert, dass sie aus drei „Personen" bestehe, diese jedoch nicht zählbar seien, nur sei Gott eben nie allein. An dieser Stelle wurden die Fragen geäußert, ob der Heilige Geist wohl nicht weiblich sei und ob Gott sich nicht selbst belüge – denn er genügt sich ja selbst und brauche die Dreifaltigkeit nicht. Jedoch trage die Trinität Liebe in sich (da Gott trinitarisch erfüllt sei) und verströme Liebe.

Ferner wurde festgehalten, dass Sehnsüchte existieren würden, damit die Welt erträglich würde. Die ewige Glückseligkeit sei gleichzusetzen mit der absoluten Vollendung, somit immateriell und mit der Liebe erklärbar. In Bezug auf die Problematik mit der ganzmenschlichen Liebe und somit zur Sexualität, wurde Kritik am Zölibat geübt und die Frage kam auf, wie dies mit dem zuvor erarbeiteten Prinzip der Liebe als Vervollkommnung vereinbar sein könne. Daraufhin wurde erarbeitet, dass das Zölibat ein Geschenk Gottes sei, wodurch der Mensch sich vollkommen der Liebe Gottes hingeben könne.

---

[4] Griechischer Philosoph (https://de.wikipedia.org/wiki/Epikur)

Ferner wurde noch schlussendlich angemerkt, dass Luther durch die Reformation als größte Befreiung angesehen werden könne, da der Mensch weniger gehorchen müsse. Im Mittelalter sei der Aufbau der Theologie genutzt worden, um die Menschen politisch steuern zu können. Betont wurde vor allem, dass nur weil der Islam, das Christentum und weitere Religionen ausgenutzt würden, seien sie nicht durch und durch schlecht und man solle eine absolute Verurteilung vermeiden. Abgeschlossen wurde die Sitzung mit dem Verweis, dass wir die Texte von Thomas von Aquin mindestens zwei Abende behandeln werden.

3. Sitzungsprotokoll 23.11.2016

In dieser Sitzung wurden Textausschnitte aus Thomas von Aquins „Summa Theologiae" behandelt, welche wir zwar nicht zu Ende führen konnten und uns in weiteren Sitzungen beschäftigten, doch werde ich sie um des besseren Überblicks willen hier gänzlich wiedergeben. Somit beinhaltet dieser Protokollabschnitt zwei bis drei Sitzungen.

Zunächst wurde geklärt, was eine scholastische Disputation ist, weswegen und wie sie abläuft und was sie mit unserem Thema zu tun hat. Eine sogenannte scholastische Disputation behandelt eine Behauptung, diese wird auf ihren Wahrheitsgehalt überprüft und diskutiert. Von Aristoteles ausgehend, ist dies eine Methode, welche meist dazu genutzt wurde, theologische Fragen zu beantworten, wobei natürlich auch jegliche andere Fragestellungen auf diese Art und Weise zu beantworten sind. Nachdem eine Behauptung geäußert wird, beispielsweise „An Gott zu glauben ist mit Vernunft nicht vereinbar", werden zu Beginn die dafür sprechenden Argumente und Beweise geäußert. Anschließend folgen die Antworten auf ebendiese Einwände, um sie zu entkräften. Schlussendlich wird basierend auf dieser Für- bzw. Gegenargumentation entschieden, ob die Aussage wahrheitsgemäß sei oder nicht. Thomas von Aquin war, ebenso wie Albertus Magnus, ein bekannter Scholastiker.

Mithilfe eines Arbeitsblattes, welches Herr M. erstellt hatte, konnten wir uns ein Bild über das Schema einer scholastischen Disputation machen. Die *Quaestio*[5] war *„De amore Dei"*[6] unterteilt in *Articuli*[7]. Hierbei war der Artikel Nummer 1: „Ob es in Gott Liebe gibt?", daraufhin folgten die *Obiectiones*[8], unterteilt in Erstens, Zweitens und Drittens, beginnend mit „Es sieht

---

[5] Quaestio: Frage
[6] *De amore Dei:* Die Liebe Gottes
[7] *Articuli:* Artikel
[8] Obiectiones: Einwände

nicht so aus als ob nicht…" [9] Im Anschluss folgte der Satzanfang *„Sed contra est quod dicitur…"* [10] und ein Zitat eines Autors, anschließend „die positive Darstellung des Vertreters der These"[11], wobei sich die These von der Titelfrage ableiten lässt. Dieser Einwand ist meist eine längere Abhandlung und soll die These klar und deutlich herausstellen sowie die Argumente hierfür benennen. Danach werden die Antworten auf die obigen Einwände präsentiert, ebenso aufgeteilt in Erstens, Zweitens und Drittens. Schlussendlich wird betrachtet, ob die genannten Argumente zutreffend und mit bereits bewiesenen Tatsache vereinbar sind, ist dies nicht der Fall, so wird die Ausgangsthese als nicht evident und unlogisch abgelehnt.

Nachdem das Prinzip der scholastischen Disputation geklärt war, bearbeiteten wir die Ausschnitte aus Thomas von Aquins „Summa theologiae"[12], in welchem zunächst die Frage „Gibt es in Gott Liebe?" behandelt wird. Dies findet nach scholastischem Prinzip statt, die Grundfrage wird gestellt, es folgen drei Gegenthesen. Zunächst wird postuliert, dass Liebe gleichzusetzen sei mit Leidenschaft und basierend auf dieser These wird weitergeführt, dass in Gott keine Liebe enthalten sein könne, da Gott keine Leidenschaft sei. Als Zweites wird angesprochen, dass Gefühlszustände wie Liebe, Traurigkeit und Zorn von Gott nur in „übertragenen Sinn"[13] projiziert würden. An dieser Stelle zitiert er als Drittes Gegenargument für die These Dionysius, welcher behauptet, dass Liebe eine einigende und verbindende Kraft und nicht mit Gott vereinbar sei, da ebendieser einfach sei.[14] Somit bestünde keine Möglichkeit für die Liebe, Teil Gottes zu sein.

Es folgt der Zwischenschritt, in welchem die These positiv dargestellt wird. Wie zuvor angekündigt, handelt es sich hierbei um eine längere Abhandlung und wird eingeleitet mit einem Zitat. Die positive Darstellung der These wurde durch die Fragestellung abgeleitet und wird im Folgenden von Aquin begründet. Andererseits hält Aquin hier ein Bibelzitat hingegen, welches besagt „Gott ist die Liebe"[15] und betont wiederum, dass man Liebe in Gott voraussetzen müsse, sei doch die Liebe „die erste Regung des Willens und jeglicher Strebekraft"[16] überhaupt und die Liebe Gottes dem Menschen gegenüber der erste Grund, warum die Menschheit und die Erde geschaffen worden seien. Hieraus folgert Aquin, dass

---

[9] Zitat Prof. Dr. H. M., Arbeitsblatt aus dem Seminar „Über die Liebe" vom 23.11.2016
[10] Sed contra es quod dicitur: Anderserseits heißt es
[11] Zitat Prof. Dr. H. M., Arbeitsblatt aus dem Seminar „Über die Liebe" vom 23.11.2016
[12] Aquin, Summa Theologiae I ,1485, 20, 1
[13] Aquin, Summa Theologiae I ,1485, 20, 1
[14] Aquin, Summa Theologiae I ,1485, 20, 1
[15] 1 Jo 4, 16
[16] Aquin, Summa Theologiae I ,1485, 20, 1

Liebe unter den Menschen das Höchste sei, was es gebe. Weiterhin äußert er, dass „das, was durch sich ist, eher als das, was durch ein anderes ist"[17]. Dies kann man insofern ausführen, dass laut Aquin das Gute an sich der Ursprung des Willens sei und von sich selbst heraus stamme, während das Schlechte durch etwas anderes verursacht würde. Somit „ist die Freude eher als die Trauer und die Liebe eher als der Haß"[18], dies begründet Aquin mit dem Beweis, dass sowohl Freude als auch Liebe durch sich selbst entstünde, während Trauer und Hass anderweitig verursacht werden müssten. Daraus wiederum folgt das Fazit, dass Liebe, weil es als Ursprung das Gute – unbeachtet der Frage, ob man es besitzt oder nicht – „naturgemäß der erste Akt des Willens und des Strebevermögens"[19] sei. Es wird wieder argumentiert, dass in jedem Lebewesen, welches einen Willen in sich hat, auch Liebe in sich haben müsse, da die Liebe, wie im Voraus verifiziert, Ursprung jeden Willens sein müsse und somit würde es sich selbst widersprechen, die Liebe an sich, also „das Erste" abzusprechen, da dadurch auch alles folgende abgesprochen werden müsse. Aquin bezieht sich hier auf sein eigenes Werk an der Stelle 19,1 und erinnert daran, dass in Gott Wille sei. Hieraus schlussfolgert er, dass man Liebe in Gott voraussetzen müsse, da in Gott Wille sei und Liebe jedes Willens Ursprung sei.

Anschließend beginnt Aquin mit den Antworten zu den drei *Obiectiones*, beginnend mit einer Argumentation, welche besagt, dass die Erkenntnis zunächst nur durch Begehrung beeinflusst würde. Der Wille – hier auch das „geistige Strebevermögen" genannt - würde bewegt durch das sinnliche Strebevermögen, dessen erster Bewegungsgrund wiederum das Herz sei, so zitiert Aquin Aristoteles. Beruhend auf dieser Argumentation, führt er aus, dass jeglicher Aktion des sinnlichen Strebevermögens eine körperliche Veränderung folge. Hierbei wird betont, dass solche Tätigkeiten Leidenschaften genannt würden und von Akten des Willens unterschieden werden müssten. Beispielsweise würden Gefühle wie „Liebe, Freude und Ergötzen"[20] aufgeteilt: Sie könnten Leidenschaften sein, sofern sie Akte des sinnlichen Strebevermögens sind, jedoch seien sie keine Leidenschaften, sofern sie Akte des geistigen Strebevermögens und somit Akte des Willens seien. In diesem Falle seien sie in Gott vorausgesetzt, da – laut eines zitierten Philosophen – Gott sich einer einzigen und einfachen Tätigkeit erfreue[21] und gleichermaßen ohne Leidenschaft liebe. An zweiter Stelle erklärt Aquin, dass die Leidenschaften des sinnlichen Strebevermögens zweierlei Funktionen hätten: Einerseits müsse

---

[17] Aquin, Summa Theologiae I ,1485, 20, 1
[18] Aquin, Summa Theologiae I ,1485, 20, 1
[19] Aquin, Summa Theologiae I ,1485, 20, 1
[20] Aquin, Summa Theologiae I ,1485, 20, 1
[21] Aristoteles, Nikomachische Ethik, 349 v. Chr.

man das „Stoffliche, die körperliche Veränderung"[22] und andererseits das „Formgebende"[23] betrachten. Er gibt hier zur Erklärung das Beispiel des Gefühls des Zorns vor, welches bezüglich der körperlichen Veränderung die beschleunigte Durchblutung sein könnte und bezüglich des Formgebenden das erwünschte Rachegefühl sein könnte. An dieser Stelle wird hervorgehoben, dass es auch vorkommen könne, dass manche Leidenschaften unvollkommen seien: So beispielsweise Zorn, da dieses ohne das Gefühl der Traurigkeit nicht zu erreichen sei. Ebenso wird die Sehnsucht als Beispiel aufgeführt, da diese sich auf ein noch nicht erreichtes Gut beziehe. Dem entgegen stehen die vollkommenen Leidenschaften wie Liebe und Freude. Während die unvollkommenen Leidenschaften Gott nicht zukommen können, werden vollkommene wie die Liebe und Freude von Gott ausgesagt, ohne, dass hierbei, wie im Voraus erwähnt, Leidenschaft miteinbezogen sei. Letztendlich wird erläutert, dass die Liebe eine einigende und verschmelzende Kraft sei und jemanden zu lieben synonym sei damit, ihm Gutes zu wollen. So wie jeder sich selbst Gutes wolle, so verhielte er sich einem anderen gegenüber ebenso, wenn er ihn liebte und wolle auch ihm etwas Gutes. In Bezug auf Gott sei zwar keine Verschmelzung vorhanden, jedoch sei auch diese göttliche Liebe eine vereinende Liebe, da Gott ebenso anderen Gutes wolle.

Der zweite Artikel handelt von der Frage, ob Gott alles liebe. Der erste Einwand besteht darin, dass laut Dionysius die Liebe dafür sorge, dass sich der Mensch aus seinem Selbst in das von ihm geliebte Wesen übertrage. Wenn nun Gott alles liebte, so müsste auch er aus sich herauskommen und in das von ihm geliebte einfließen, was wiederum unschlüssig sei. Somit wird gefolgert, dass Gott nichts anderes als sich selbst liebe. Der darauffolgende zweite Einwand zielt darauf ab, dass Gott selbst ewig sei, ebenso seine Liebe. Im Gegensatz dazu sei jedoch alles außer Gott endlich, somit könne Gott nur sich selbst Liebe zollen, da nur er unendlich sei und seine unendliche Liebe auch nur unendlichen Dingen entgegenbringen könne. Der dritte Einwand differenziert zwischen der freundschaftlichen Liebe sowie der begehrlichen Liebe und nennt diese die „doppelte Liebe"[24]. Sowohl die Liebe der Begehrlichkeit als auch die Liebe der Freundschaft sei aber nicht von Gott gegenüber vernunftlosen Geschöpfen vorhanden, da dieser weder etwas begehre außer sich selbst, noch eine Freundschaft zu vernunftlosen Wesen aufbauen könne, so Aristoteles. Der abschließende Einwand zitiert Psalm 5, Vers 7 und besagt: „Du hasstest alle, die Unrecht tun"[25]. Daraus wird wiederum gefolgert,

---

[22] Aquin, Summa Theologiae I ,1485, 20, 1
[23] Aquin, Summa Theologiae I ,1485, 20, 1
[24] Aquin, Summa Theologiae I, 1485, 20, 2
[25] Psalm 5, Vers 7

11

da es nicht möglich sei, gleichzeitig etwas zu lieben und zu hassen, dass Gott nicht alles liebe. Dies wiederum wird entkräftet durch ein Zitat aus dem Buch der Weisheit Salomos, genannt *Weish*: „Du liebst alles, was ist, und verabscheust nichts von allem, was du gemacht hast; denn hättest du etwas gehasst, so hättest du es nicht geschaffen."[26] Es wird betont, dass sich die Liebe Gottes und die Liebe der Menschen insofern unterscheiden, dass die Liebe Gottes Güte in das von ihm Geliebte einfließen lasse, wohingegen die Menschen zuerst Güte in dem zu Liebenden wahrnehmen müssen, bevor sie es lieben können. Gott würde aber alles durch seine bloße Existenz lieben, denn dieses Dasein sei in sich selbst schon gut. Und da Gott allem von ihm Geschaffenen Gutes wolle und hier Lieben und anderen etwas Gutes zu wollen gleichgesetzt werden, sei gefolgert, dass Gott alles liebe, was sei. In Bezug auf den ersten Einwand wird dargelegt, dass ein Liebender für das von ihm Geliebte sorgen wolle wie für sich selbst und dafür aus sich herausgehe in das von ihm Geliebte. Dionysius sage in bezüglich hierauf, dass Gott als „Ursache aller Dinge"[27] für alle Wesen fürsorglich sein und sich diesen mitteilen könne, da er Liebe und Güte im Überfluss empfinde. Als Antwort auf den zweiten Einwand wird betont, dass zwar alle Lebewesen endlich seien, doch würden auch wir selbst Dinge, die in sich selbst seien, durch Abbilder in uns erkennen. Ebenso verhielte es sich mit Gott in Bezug auf alle endlichen Geschöpfe. Drittens wird dargelegt, dass Freundschaften nur zu vernunftbegabten Lebewesen aufgebaut werden könnten. Sie müssten auch gute sowie schlechte Erlebnisse hinter sich haben, außerdem könne man ihnen auch mit Wohlwollen begegnen. Zu dieser Kategorie Lebewesen gehören jedoch nicht die vernunftlosen Geschöpfe, da sie nicht „am geistigen und seligen Leben Gottes"[28] teilhaben könnten. Dennoch liebe Gott auch diese Lebewesen, nur eben nicht auf die freundschaftliche Art, wie er es mit vernunftbegabten Lebewesen tue, sondern mit der Liebe der Begehrlichkeit indem er aus Güte die vernunftlosen Geschöpfe auf sich selbst und die Menschen zuordne. Abschließend wird als Gegenargument zum vierten Einwand betont, dass es sich nicht widerspreche, etwas gleichzeitig zu lieben und zu hassen. So liebe Gott die Sünder, da sie ihr Dasein von ihm hätten und durch ihn seien. Jedoch wenden sie sich durch ihre Sünden von Gott und seinem Weg ab, was wiederum dazu führe, dass Gott sie hasse.

---

[26] Buch der Weisheit, Kapitel 11, 24
[27] Aquin, Summa Theologiae I, 1485, 20, 2
[28] Aquin, Summa Theologiae I, 1485, 20, 2

4. Exkurs zu der Thematik „Liebe im Islam"

4.1 Liebe im Islam – eine Übersicht

Im folgenden Abschnitt werde ich mich dem Thema zuwenden, welches schon meine Kommilitonin Hatice Bilgin in ihrem Referat dargelegt hatte. Der Exkurs wird eingeleitet mit einem kurzen Überblick um sich dann mit der Frage zu beschäftigen, ob der Mensch im Islam sich selbst allein schon um seines Daseins willen lieben sollte.

Zu Beginn wurden die arabischen Begriffe *Islam* sowie *Muslim* definiert. Während das Wort *Islam* mit *Hingabe, Ergebung* übersetzt wird,[29] steht *Muslim* für *den sich Gott Unterwerfenden.*[30] Im Anschluss wurde bezüglich der Barmherzigkeit Allahs referiert, welche in zahlreichen *Suren*[31] im Koran dargelegt wird, beispielsweise „Und Allahs ist das Königreich der Himmel und der Erde. Er vergibt, wem Er will, und bestraft, wen Er will, und Allah ist allvergebend, barmherzig"[32]. Die Referentin betonte die allumfassende Güte und Gnade, welche auch Muslimen immer wieder in Erinnerung gerufen wird bzw. gerufen werden sollte, da es eine *Sunna*[33] ist, vor Beginn jeglicher Handlungen, insbesondere dem Essen oder Trinken, aber auch dem Auto fahren etc., für sich selbst oder je nach Belieben laut mit einem *Basmala*[34]zu beginnen. Diese Aussage befindet sich ebenfalls im Koran als Eingangsformel für Suren und wird übersetzt mit „Im Namen Allahs des Allerbarmers, des Barmherzigen". Vor allem die Pilgerfahrt wird oft als Beispiel für Allahs Gnade hervorgebracht, da diese laut Überlieferungen, bei ehrlicher Reue und aufrichtiger Bitte um Vergebung, die vorigen Sünden vernichte. Dies unterläge nach wie vor der Entscheidung Allahs, jedoch betont Abdullah ibn Mubaarak: „Ich ging zu Sufyaan ibn al Uyaynah als der Tag von Arafat[35] sich dem Ende neigte. Er saß auf seinen Knien, seine Hände in den Himmel gestreckt und Tränen überflossen seine Wangen und seinen Bart. Er bemerkte mich und schaute mich an. So fragte ich ihn: "Unter all den Leuten, die sich hier zur Hajj versammelt haben; wer ist in der schlimmsten Situation?" Sufyaan ibn al Uyaynah sagte: "Derjenige, der nicht daran glaubt, dass Allah ihm verzeiht!"[36]

---

[29] Bundeszentrale für politische Bildung (http://www.bpb.de/politik/innenpolitik/konfliktstoff-kopftuch/63315/islam-in-deutschland?p=all)
[30] Duden (http://www.duden.de/rechtschreibung/Muslim)
[31] *Sure:* Kapitel des Korans. Duden *(http://www.duden.de/suchen/dudenonline/sure)*
[32] Koran, Sure 48, Vers 14
[33] *Sunna:* Gesamtheit der überlieferten Aussprüche, Verhaltens- und Handlungsweisen des Propheten Mohammed als Richtschnur muslimischer Lebensweise. Duden (http://www.duden.de/suchen/dudenonline/sunna)
[34] *Basmala:* Im Namen Allahs des Allerbarmers, des Barmherzigen (Handout Hatice Bilgin, WS 2016/17)
[35] Tag von Arafat: Der Tag während der Pilgerfahrt, an dem um Vergebung gebeten wird
[36] http://www.khutbah.com/ge/ramadan_hajj/ibrahim.php

Aus Allahs Gnade kann man auf seine Liebe der Lebewesen gegenüber schließen, welche er geschaffen hat. Ferner wird deutlich, welch wichtige Rolle die Liebe im Islam einnimmt, da sie vielfach erwähnt und spezifiziert wird. Abgesehen von der Hingabe, welche der Mensch Allah gegenüber an den Tag legen sollte, wird außerdem die Liebe den Eltern, der Umwelt, sowie Angehörigen anderer Religionen angesprochen. Jeder Muslim ist verpflichtet, seine Eltern respektvoll zu behandeln und sich um sie zu kümmern.[37] Bezüglich der Liebe zur Umwelt und zu den Tieren sei anzumerken, dass Allah bestimmtes Vieh für die Menschen geschaffen habe zum Essen und generellen Nutzen. Ein Muslim darf Tiere nicht quälen und hat der Umwelt nicht zu schaden, da beides von Allah geschaffen ist. Tiere sowie Umwelt dürfen genutzt, jedoch nicht gequält oder zerstört werden. Obwohl extremistische Vereinigungen versuchen, ihre Gräueltaten durch den Islam zu legitimieren, so ist dies durch den Koran jedoch nicht gestützt. Suren wie „In der Religion gibt es keinen Zwang (d.h. man kann niemanden zum (rechten) Glauben zwingen)"[38] oder „Die klaren Religionsunterschiede, die nicht übersehen werden, sollten aber kein Grund für feindselige Auseinandersetzung zwischen den Religionen sein. Ganz im Gegenteil, sie sollten eher Grund für einen Wettstreit unter verschiedenen Gläubigen sein. Eine solche friedliche Auseinandersetzung ist nach islamischer Lehre Allahs ausdrücklicher Wille. Allah wollte und will diesen edlen Wettstreit, damit Menschen unterschiedlichen Glaubens miteinander kommunizieren und in einen Dialog eintreten. Allah hätte es ansonsten so arrangiert, dass die Menschen nur eine einzige Religion pflegten, nur ein einziges Volk bildeten und immer nur den einen Allah anbeten. Aber das wollte Allah nicht. Durch die religiöse Unterscheidung und Vielfalt wollte Allah die Menschen zum Wettkampf geradezu zwingen, um sie zu prüfen".[39] So kann man also an dieser Stelle klar erkennen, dass im Islam – entgegen vieler Missverständnisse – kein Mensch dazu gezwungen werden kann oder sollte, den Islam anzunehmen. Ebenso ist es auch nicht erwünscht, sich feindselig zu begegnen, sondern andere Religionen zu respektieren und zu achten.

---

[37] „Verehrt keinen außer Ihn, und (erweist) den Eltern Güte. Wenn ein Elternteil oder beide bei dir ein hohes Alter erreichen, so sage dann nicht „Pfui!" zu ihnen und fahre sie nicht an, sondern sprich zu ihnen in ehrerbietiger Weise" (Koran, Sure 17, Vers 23)
[38] Koran, Sure 2, Vers 256
[39] Koran, Sure 5, Vers 48

4.2 Zufriedenheit mit seinem eigenen Körper und dem seines Ehepartners

Alles, das Allah geschaffen hat, hat im Islam eine Bedeutung und es gilt, dieses Lebewesen zu respektieren und zu achten. Allen voran gilt der Mensch selbst als Existenz, welche Allah mit Sorgfalt geschaffen hat, und die Menschen haben dankbar zu sein für die Möglichkeiten, die ihnen damit gegeben werden. Somit stehen chirurgische Eingriffe, welche das Aussehen einer Person verändern, im Konflikt mit den Grundsätzen des Islam. Medizinische Eingriffe, welche dringend nötig sind – im Falle von der Gefährdung der Mutter beispielsweise auch eine Abtreibung – sind im Islam erlaubt und können und dürfen nicht verboten werden. Jedoch stellt sich die Frage, ob und inwiefern chirurgische Eingriffe, zum Beispiel Nasenkorrekturen, Brustvergrößerungen, Botoxbehandlungen, etc., oder auch Geschlechtsumwandlungen konform gehen können mit einer Religion, in der man den Von Allah geschaffenen Körper lieben, ehren und pflegen sollte. Obwohl die Anzahl der chirurgischen Eingriffe speziell in muslimischen Ländern sehr hoch ist, sind diese im Islam stark umstritten. Im Kontrast zu der strengen Religion steht beispielsweise auch der Iran mit der – nach Thailand - höchsten Rate von Geschlechtsumwandlungen[40], was jedoch vor allem mit den schweren Strafen für Homosexualität zusammenhängt. In dem muslimischen Land, welches durch die Scharia-Interpretationen von Geistlichen geregelt ist, wird Homosexualität durch Tod und Auspeitschungen bestraft, während Transsexualität als heilbar gilt. Dies führt wiederum dazu, dass viele Homosexuelle – vor allem Männer – sich einer Geschlechtsumwandlung unterziehen, um unbehelligt ihre Beziehung ausleben zu können. Laut islamischem Grundsatz ist es *haram[41]*, etwas an Gottes Schöpfung zu verändern, jedoch erlauben es sowohl iranische als auch saudi-arabische Gelehrte, bestimmte Eingriffe, sofern sie kein zu großes Risiko darstellen.[42] In Saudi-Arabien sind die chirurgischen Schönheitsoperationen erlaubt, sofern sie ein Geistlicher als angebracht einstuft, dies kann beispielsweise die Vergrößerung von zu kleinen Brüsten oder die Korrektur einer als unästhetisch empfundenen Nase sein, jedoch wird diese Regelung nicht von allen Patienten beachtet: Viele suchen keinen Geistlichen auf oder aber gehen zu Ärzten, welche sich nicht an die Richtlinien halten. Jedoch muss man hier beachten, wie hoch die Einnahmen für solche Operationen sind und dass sie möglicherweise aus diesem Grund überhaupt erlaubt wurden, denn aus islamischer Sicht ist es grundlegend wenig schlüssig, dass beispielsweise das Augenbrauenzupfen vom Propheten Muhammed verdammt wurde, da es eine Veränderung des von Gott geschaffenen Gesichts ist, eine Geschlechtsumwandlung oder eine Nasenoperation

---

[40] http://www.zeit.de/politik/ausland/2014-02/fussball-iran-spielerinnen
[41] *Haram*= verboten
[42] http://www.focus.de/panorama/vermischtes/saudi-arabien-schoenheitschirurgie-boomt_aid_423007.html

15

aber als erlaubt angesehen werden, obwohl sie viel massivere Veränderungen darstellen. Dr. Yavuz Özoguz beschreibt in seinem Buch „Liebesverschmelzung – Sexualität im Islam", „dass die Unzufriedenheit mit dem eigenen Körper eine Form von Undankbarkeit gegenüber dem Schöpfer beinhaltet und bereits dadurch zu einer Entfremdung von der eigenen Natur bewirkt"[43]. Stehen Schönheitsoperationen nicht im Konflikt zu dem Grundsatz, das von Gott gegebene zu respektieren und dankbar für die einem von Ihm geschenkte individuelle Schönheit zu sein? Ebenso sollte es doch fragwürdig sein, dass man aufgrund von einem bestimmten von der Werbung suggeriertem Schönheitsideal sein eigenes Aussehen verändert, um der Gesellschaft zu gefallen bzw. einen Mann zu finden oder zu halten, denn „[E]in Mann, der seine Frau nach der Größe oder Form ihrer Brüste beurteilt, ist es nicht wert, die Freuden und Erotik einer gottesehrfürchtigen Frau zu genießen".[44] Die Ursache des großen Drucks von außen auf die Frauen, sich immer besser und anziehender machen zu müssen rührt vor allem von der Sexualisierung der Werbung mit dem Prinzip „Sex sells" und die Reizüberflutung allgemein. So sehr die Schönheitsoperationen auch an Beliebtheit gewinnen, sie sind dennoch stark umstritten. So verlor beispielsweise der ägyptische Abgeordnete Anwar al-Belkimy der *Nur*-Partei seinen Posten, weil er sich die Nase hatte richten lassen.[45] Obwohl er den chirurgischen Eingriff als Raubüberfall hatte tarnen wollen und sogar die Presse verlauten ließ, die Schuldigen seien gefasst worden, kam die Wahrheit durch Aussagen der Ärzte ans Licht, was wiederum zu dem Verlust seines Ansehens und seines Postens führte.[46]

4.3 Fazit

Der Islam ist, wie fast jede andere Religion auch, stark interpretationsabhängig. Dennoch sind die Verweise auf die Wichtigkeit der Liebe in dieser Religion nicht von der Hand zu weisen. Alles in allem wurden die essentiellen Inhalte von Frau Bilgin dargestellt und erörtert, weswegen sich diese Ausarbeitung eher auf die aktuellen Thematiken Schönheitsoperationen sowie Geschlechtsumwandlungen spezialisierte. Hierbei lag der Fokus darauf, dass die Gesetzeslage trotz herrschendem Scharia-Gesetz, welches gleich sein sollte, von Land zu Land variiert, was wiederum hervorhebt, dass die Religion von Staatsoberhäuptern sowie Geistlichen

---

[43] Yavuz Özoguz: Liebesverschmelzung Sexualität im Islam
[44] Yavuz Özoguz: Liebesverschmelzung Sexualität im Islam
[45]   http://www.sueddeutsche.de/panorama/islamist-unterzieht-sich-schoenheits-op-eitler-als-allah-erlaubt-1.1301958
[46]   http://www.sueddeutsche.de/panorama/islamist-unterzieht-sich-schoenheits-op-eitler-als-allah-erlaubt-1.1301958

so genutzt und ausgelegt werden, wie es ihnen beliebt und von größtem Nutzen ist – anders kann man sich auch solche Verbote wie das des Autofahrverbots für Frauen nicht erklären. Auch die korrupte Lage wird durch Ärzte, welche Operationen, die eigentlich als verboten gelten, durchführen, deutlich, ebenso durch Parteivorsitzende wie Anway al-Belkimy, die gegen die geltenden Gesetze und in diesem Sinne auch gegen ihre Religion verstoßen. Zusammenfassend kann man sagen, dass die verschiedenen Auslegungen und Interpretationen verantwortlich sind für die vielen Missverständnisse in dieser Religion, jedoch kann festgehalten werden, dass Allah jedes Lebewesen mit Sorgfalt geschaffen hat und im Islam das Aussehen zwar insofern eine wichtige Rolle spielt, dass man dankbar für die von Allah gewährte Schönheit sein sollte und, sollte man verheiratet sein, den Ehepartner lieben und ehren, so wie er bzw. sie ist, damit sich keine Person ungeliebt oder unattraktiv fühle. Ob diese Vorgaben zu idealistisch sind in einer Welt, in der durch Werbung und Reizüberflutung bestimmte Schönheitsideale vorgegeben werden, ist ein Konflikt, mit dem Muslime zurechtkommen müssen. Ebenso mit den Problemherden, ob Homosexualität nun verboten sei oder nicht, ebenso die Frage, ob chirurgische Eingriffe, die nicht zwingend notwendig sind, *haram* sind, werden sich Geistliche, Staatsvorsitzenden sowie jeder einzelne Muslim für sich, weiterhin auseinandersetzen müssen.

5. Quellenverzeichnis

Literaturquellen:

- Yavuz Özoguz, Liebesverschmelzung. Sexualität im Islam, 2013, Bremen.
- Thomas von Aquin, Summa Theologiae I ,1485.
- Prof. Dr. H. M., Arbeitsblatt aus dem Seminar „Über die Liebe" vom 23.11.2016
- 1. Johannes Lutherbibel
- Aristoteles, Nikomachische Ethik, 349 v. Chr.
- Psalm 5, Vers 7
- Buch der Weisheit, Kapitel 11, 24
- Koran, Sure 48, Vers 14
- Koran, Sure 17, Vers 23
  Koran, Sure 2, Vers 256
  Koran, Sure 5, Vers 48
- Handout Hatice Bilgin, WS 2016/17

Internetquellen:

- https://de.wikipedia.org/wiki/Studium_generale (10.05.2017)
- https://de.wikipedia.org/wiki/Thomas_von_Aquin (10.05.2017)
- https://de.wikipedia.org/wiki/Petrus_Lombardus (12.05.2017)
- https://de.wikipedia.org/wiki/Epikur (12.05.2017)
- http://www.bpb.de/politik/innenpolitik/konfliktstoff-kopftuch/63315/islam-in-deutschland?p=all (17.05.2017)
- http://www.duden.de/rechtschreibung/Muslim (17.05.2017)
- *http://www.duden.de/suchen/dudenonline/sure (17.05.2017)*
- http://www.duden.de/suchen/dudenonline/sunna (17.05.2017)
- http://www.khutbah.com/ge/ramadan_hajj/ibrahim.php (01.06.2017)
- http://www.zeit.de/politik/ausland/2014-02/fussball-iran-spielerinnen (02.06.2017)
- http://www.focus.de/panorama/vermischtes/saudi-arabien-schoenheitschirurgie-boomt_aid_423007.html (10.06.2017)
- http://www.sueddeutsche.de/panorama/islamist-unterzieht-sich-schoenheits-op-eitler-als-allah-erlaubt-1.1301958 (10.06.2017)

Homosexualität im Mittelalter

Saskia Kölsch

1. Einleitung und Fragestellung

In dieser Arbeit soll der Frage nachgegangen werden, welche Rolle Homosexualität im Mittelalter spielte, welche Ansichten vorherrschten und wie damit umgegangen wurde. Dies schließt sowohl die Beleuchtung der Standpunkte von Persönlichkeiten wie Thomas von Aquin oder Albertus Magnus, die neben der christlichen Einstellung ebenfalls bedeutenden Einfluss auf die Gesellschaft bewirkten, ein und ebenfalls die Rolle der Homosexualität in der Ketzerverfolgung, wobei in diesem Kontext ein beispielhafter Blick auf den Orden der Templer geworfen werden soll. Da es sich um eine im Inhalt und Umfang begrenzte Seminararbeit handelt würde eine sehr differenzierte Gegenüberstellung von verschiedenen Standpunkten und Theorien zu diesem Thema den Umfang dieser Arbeit sprengen würde. Nichtsdestotrotz soll ebenfalls ein kurzer Diskurs zu den Mitgliedern des Templerordens erfolgen, da diese mit dem Thema Homosexualität im Mittelalter sehr stark in Verbindung stehen.

Zunächst wird der Begriff der Homosexualität definiert, da er in der zu untersuchenden Epoche teilweise verschieden verwendet wurde und für das, was in diese Arbeit untersucht werden soll, nämlich die gleichgeschlechtliche Sexualität, auch unter anderen Begriffen bekannt war.

Auch für die Gegenwart ist das Thema Homosexualität von großer Bedeutung. Besonders in den letzten beiden Jahrzehnten sind die Proteste gegen das Verbot von homosexuellen Ehen immer verbreiteter und lauter geworden. Doch da die katholische Kirche (und andere Religionen) nach wie vor sehr einflussreich sind und Homosexualität noch immer nicht dulden, ist der Gegenwartsbezug und die Aktualität dieses Themas noch beinahe so groß wie im Hochmittelalter. Nach wie vor bezieht sich die katholische Kirche auf Ausführungen, wie die des Thomas von Aquin, auf die im Zuge dieser Arbeit noch eingegangen werden soll, was verdeutlicht, dass sich die Ansichten der Kirche zumindest in diesem Kontext, kaum geändert haben.

1.1 Definition von Homosexualität

Schaut man heute in einen handelsüblichen Duden, findet man dort unter Homosexualität die Definition „sich auf das eigene Geschlecht richtendes sexuelles Empfinden und Verhalten"[47]. Dieses Kriterium galt auch für die Menschen im Mittelalter. Angelehnt an das alte Testament

---

[47] http://www.duden.de/rechtschreibung/Homosexualitaet (4.11.2014; 10:08)

der Bibel sprach man von „widernatürlichem Verkehr (*contra naturam*)"[48] Dass die Ablehnung von homosexuellen Akten auf das Christentum zurück geht und mit ihm hervorging, ist eine weitverbreitete Annahme, die der Historiker John Boswell in seinem Werk „Christianity, Social Tolerance and Homosexuality" widerlegt. Tatsächlich spielen biblische Texte für die negative Sichtweise der Homosexualität (bis heute) eine eher „untergeordnete Rolle"[49], dies wird auch in Lutterbachs Werk bestätigt[50]. Probleme mit einer mittelalterlichen Definition von Homosexualität gründen sich besonders darin, dass Begriffe wie „homosexuell" oder „schwul" in dieser Zeit nicht existierten. Handlungen, die heute mit dem Begriff „homosexuell" beschrieben würden, fielen im Mittelalter, neben einer Vielzahl damals als widernatürlich geltender sexueller Handlungen, unter die Kategorie „Sodomie"[51], benannt nach den Einwohnern Sodoms, deren Stadt von Gott aufgrund ihrer Übeltaten zerstört wurde (siehe 2. Exkurs). „Der Begriff steht für Genitalkontakte zwischen Menschen und Tieren ("Bestialität"), für gleichgeschlechtliche Neigungen und Praktiken ("Homosexualität") sowie für "Sünden wider die Natur" also Sexualpraktiken, die nicht der Zeugung neuen Lebens dienten."[52] Wichtig zu erwähnen ist hierbei allerdings, dass allgemein hin eher gleichgeschlechtliche Akte zwischen Männern, und nur selten der zwischen zwei Frauen unter dem Begriff „Sodomie" verstanden wurden.

1.2 Exkurs: Der Untergang Sodoms – Grundlage der „Sodomie"?

Dass sich der Begriff Sodomie von der Stadt beziehungsweise den Einwohnern Sodoms ableitet, wurde im vorigen Abschnitt bereits erwähnt. Der Untergang der Stadt Sodom durch die Zerstörung Gottes wird in der Bibel im Buch Mose dargestellt, doch exisitieren bis heute mannigfache Interpretationen dieser Bibelstelle, doch Genaues zu den Sünden der Einwohner Sodoms erfährt auch der belesenste Christ nicht. „Aber die Leute zu Sodom waren böse und sündigten sehr wider den HERRN." (1. Mose 18.20) (1. Mose 19.4-9)[53]. Sodom, so heißt es seit Jahrhunderten, sei wegen der (homosexuellen) Sünden der Einwohner von Gott selbst

---

[48]Hubertus Lutterbach: Sexualität im Mittelalter.S.41f

[49]Brigitte Spreitzer.: Die stumme Sünde. S.5

[50]Lutterbach: Sexualität im Mittelalter. S.41

[51]Bullough/Brundage: Handbook of Medieval Sexuality. S. 156

[52]http://u01151612502.user.hosting-agency.de/malexwiki/index.php/Sodomie (5.11.2014; 13:46)

[53]http://www.bibel-online.net/buch/luther_1912/1_mose/13/#13 (5.11.2014; 16:20)

zerstört und alle Menschen, die dort lebten, getötet worden. Spreitzer verweist hierzu auf die Veröffentlichungen der Soziologin Gisela Bleibtreu-Ehrenberg, die bewiesen hat, dass die „so genannte 'Sodom-Mythe' ihren Ursprung erst im Jahre 559 u.z. Im berühmten 'Codex Justinianus' des oströmischen Kaisers Justinian hat; [...]"[54]. Weiterhin war es laut Bleibtreu-Ehrenberg ein ausgeklügelter Schachzug des Kaisers, der somit in den „Homsexuellen" einen Sündenbock gefunden hatte, die er für vieles Schlechte in der Welt verantwortlich machen konnte, da diese Sünder angeblich den Zorn des Herrn auf sich und alle Menschen in ihrer Umgebung ziehen würden, so wie es schon in Sodom geschah. Darüber hinaus hatte Kaiser Justinian dadurch, dass er Sodomie unter Strafe stellte, eine politische Waffe gegen diejenigen in der Hand, die er aus politischen Gründen beseitigen wollte, gegen die er jedoch nichts vorbringen konnte.

Diese Verwendung des Begriffs „Sodomie" setzte sich im Mittelalter als gängiger, selbstverständlicher Begriff für Homosexualität durch, ohne dass die dazugehörige Bibelstelle erneut untersucht beziehungsweise hinterfragt wurde.[55] Ab dem Jahr 1073, als Gregor VII zum Oberhaupt der katholischen Kirche ernannt wurde, erhielt die Sünde der Sodomie erneuten Nachdruck. Papst Gregor VII, der auch als Verantwortlicher für die Abschaffung der Priesterehe und der Einführung des Zölibates gilt, strebte einen Kampf gegen sexuelle Sünden mit aller Härte an, wodurch Sodomie und dessen Bestrafung erneut in den Blick der Öffentlichkeit rückten.[56]

Auch aktuell wird der Zusammenhang von Sodom, Homosexualität und dem Standpunkt der (katholischen) Kirche zu diesem Thema kritisiert. Unter anderem von der HuK[57], die in diesem Kontext besonders hervorheben, dass „die Aussage 'Sodom zeigt doch, dass die Bibel Homosexualität verurteilt' [ist] einfach nicht haltbar"[58] sei.

---

[54]Spreitzer: Die stumme Sünde. S. 9
[55] Vgl. ebda, S.10
[56]Vgl. Bullough/Brundage: Handbook of Medieval Sexuality. S. 165f
[57] ökumenische Arbeitsgruppe Homosexuelle und Kirche HuK e.V
[58]https://www.huk.org/cms/front_content.php?idart=168 (5.11.2014. 17:22)

2. Homosexualität/Sodomie – verschiedene Sichtweisen

Nachdem nun festgestellt wurde, dass es bereits in der Definition Schwierigkeiten gibt, soll im Folgenden der Blick auf diverse Perspektiven auf den Gegenstand gerichtet werden. Da die Personen, auf die nachfolgend Bezug genommen werden soll, in ihren Schriften meist von „Sodomie" sprechen, wir heute den zu untersuchenden Gegenstand allerdings unter „Homosexualität" kennen, soll deutlich gemacht werden, dass innerhalb dieser Arbeit beide Begriffe benutzt werden, um den gleichgeschlechtlichen, sexuellen Verkehr zwischen Menschen zu beschreiben.

Im Folgenden sollen nun zunächst die Einstellung und der Umgang verschiedener historischer Personen mit Sodomie beispielhaft dargestellt werden.

2.1 Peter Damianus

Peter Damianus, der besser unter dem Namen Petrus Damiani[59] bekannt ist, war einer der einflussreichsten Bischöfe des 11. Jahrhunderts. Sein Buch „Liber Gomorrhianus" wird von Spreitzer als der „Indikator für das Zunehmen der Attacken gegen Homosexualität"[60] genannt. Damianus Meinung erscheint darin besonders radikal, da er Homosexualität (unter Männern) als schlimmer erachtete als Unzucht mit Haustieren zu treiben. „Denn Homosexualität übertreffe alle anderen Laster an Schmutzigkeit, sie bedeute den Tod des Körpers, die Zerstörung der Seele, den Ruin des Geistes, in den der Einzug halte, wenn eine solche Sünde zugelassen werde; dem Homosexuellen sei das Tor zum Himmel versperrt; [...]"[61].

Besonders interessant ist hierbei, dass aus Damianus Schrift sehr deutlich hervorgeht, dass die Homosexualität, die er so radikal bekämpfen wollte, größtenteils in den eigenen Reihen, nämlich im Klerus, zu finden sei. Dies wurde in späteren Berichten aus dem 13. Jahrhundert erneut von Caesarius von Heisterbach in seinem „Dialogus miraculorum" bestätigt. Es scheint als handele es sich dabei ironischerweise um eine Folge des Zölibats und dem Verbot der Priesterehe. Damianus zufolge haben die homosexuellen Kleriker diese schlimmste aller Sünden geschickt durchdacht, da sie als Geistliche gegenseitig ihre Sünden sowohl beichten als auch vergeben können, sodass sie am Ende beide nicht als Sünder dastehen. Damianus bat in

---

[59]http://www.heiligenlexikon.de/BiographienP/Petrus_Damiani.htm (6.11.2014. 14:29)
[60]Spreitzer: Stumme Sünde. S. 34
[61]Spreitzer: Die stumme Sünde. S. 34

seiner Schrift Papst Leo IX darum, diese widernatürlichen Sünden härter und radikaler zu bestrafen, womit hier nicht nur der Analverkehr als höchste Stufe der Sünde gemeint ist, sondern auch schon die Vorstufen, wie (gegenseitige) Masturbation.[62]

Was aus Damianus (und Caesarius von Heisterbachs) Schriften im Besonderen deutlich wird, ist die Ambivalenz, die im Klerus dafür sorgte, dass sehr häufig auf die eine (stumme) Sünde zurück gegriffen wurde, um die andere zu vermeiden. Oder um es mit Spreitzers Worten zu sagen: „Geistliche sollen sich an Männern orientieren und mit ihnen leben, Homosexualität aber ist strengstens verboten."[63]

2.2 Albertus Magnus

Bevor es zu den Theorien und Ansichten des Thomas von Aquin geht, der bis heute einer der einflussreichsten Theologen (und Philosophen) darstellt, soll zunächst ein Blick auf die Thesen seines Lehrers Albertus Magnus zum Gegenstand der Homosexualität geworfen werden.

In Magnus Theorien findet sich die Ansichtsweise des „Geschlechtsaktes als von Gott gegebene Natureinrichtung zur Zeugung und Fortpflanzung"[64] wieder. Diese Annahme ist unter den (katholischen) Christen bis heute sehr weitverbreitet, und wird unter anderem als Argument gegen den Gebrauch von Kondomen angeführt.

Laut Magnus sollte demnach der Geschlechtsakt ausschließlich zum Zwecke der Fortpflanzung und niemals aus Gründen von Lust und Leidenschaft stattfinden, was ihn weiterhin zu der These führt, dass dieser Akt einzig und allein in der Missionarsstellung stattfinden darf, da nur diese Stellung „eine sichere Empfängnis gewährleiste". [65] Die Fortpflanzung sei „die Zielursache des Lebens"[66] der Menschen, das ihnen von Gott geschenkt wurde.[67] Im Gegensatz zur Tierwelt, in der die Weibchen ihren Fortpflanzungspartner von hinten empfangen, setze sich der Mensch von diesem ab, da nur die Empfängnis „von vorne" die Fortplanuzung sichere. Alle anderen Formen des Aktes bezeichnet er als widernatürlich, da sie gegen den „ordo naturae"[68] verstoßen

---

[62]Ebda, S.34-36
[63]Ebda, S.35
[64]Ebda, S.36
[65]Vgl. Spreitzer: Die stumme Sünde, S.38
[66]Bernd-Ulrich Hergemöller: Krötenkuss und schwarzer Kater, S.263
[67]Ebda
[68]Spreitzer: Die stumme Sünde, S.37

und prophezeit Paaren, die sich nicht an diese Norm halten, „kranke Nachkommen".[69] „Dies begründet er mit dem Argument, daß in der Tierwelt niemals von heterosexuellen Norm abweichende geschlechtliche Betätigungen zu beobachten sein."[70] Ein Argument, welches bis heute mannigfach widerlegt wurde.

Doch auch Albertus Magnus sieht, wie Damianus, die Homosexualität als schlimmste aller Sünden, wobei Magnus in seinen Schriften beide Geschlechter einbezieht, und sich nicht nur auf die männliche Homosexualität beschränkt.[71] Gleichgeschlechtlicher Sex und Selbstbefriedigung stehen demnach auch hier als schlimmste der Todsünden im Vordergrund, da sie nicht nur „gegen die Vernunft, die Glaubenslehre und das natürliche Recht, sondern ausdrücklich gegen die Natur selbst"[72] verstoßen.Für diese These, in der er ebenfalls „Sodomia" als Begriff für Homosexualität benutzt, zählt er vier Argumente auf:

Erstens werde sie aus einer brennenden Begierde heraus vollzogen, die die Ordnung der Natur untergrabe: '[…].' Zweitens sei sie eine Sünde von ekelerregender Widerwärtigkeit: '[…].' Drittens sei Homosexualität eine Sünde, von der man sich nie mehr befreien könne, wenn man ihr einmal verfallen sei: '[…].' Und viertens schließlich hält er Homosexualität für eine höchst ansteckende Krankheit; [...][73]

Gerade mit dem medizinische Bezug war Magnus Ansicht beinahe revolutionär, und der Vorreiter für die Medizinisierung von Homosexualität, die ihren Höhepunkt in der AIDS Debatte und der Stigmatisierung Homosexueller im 20. Jahrhundert fand. Auch wenn es zu der Zeit des Albertus Magnus' noch nicht um die Krankheit AIDS ging, hatten seine Theorien dennoch enormen Einfluss auf den Umgang mit Homosexuellen und trugen zur Ächtung, Stigmatisierung und letztendlich zur Legitimation der Verbannung von Homosexuellen aus der Gesellschaft bei.[74]

Natürlich hatte Magnus auch einen erheblichen Einfluss auf seine Schüler, von denen Thomas von Aquin den Bekanntesten darstellt und auf dessen Thesen im nächsten Abschnitt näher eingegangen und die Unterschiede zu den Schriften seines Lehrers in den Blick gerückt werden sollen.

---

[69]Hergemöller: Krötenkuss und schwarzer Kater, S.262
[70]Spreitzer: Die stummde Sünde, S.37
[71]Vgl. ebda, S.38
[72]Hergemöller: Krötenkuss und schwarzer Kater, S.263
[73]Spreitzer: Die stummde Sünde, S.39
[74]Vgl. ebda, S.39

2.3 Thomas von Aquin

Die Schriften des Thomas von Aquin stehen repräsentativ für die „hochmittelalterliche Moraltheologie"[75], die bis heute Einfluss auf den Standpunkt der katholischen Kirche in diesem Kontext nimmt.

Wie bei seinem Lehrer Albertus Magnus, setzt auch Thomas von Aquin voll und ganz auf das Argument der von Gott geschaffenen Natur und setzt das „Dogma der Fortpflanzung als oberstes Kriterium"[76], während er im Unterschied zu Magnus einen größeren Wert auf den Punkt der Moral legt und diesen mit den Thesen Magnus' stärker in Verbindung setzt. Doch auch er argumentiert mit dem Verhalten, welches sich in der Tierwelt beobachten lässt.[77]

Auffällig ist bei dieser Argumentation des Thomas von Aquin, dass diese teilweise enorm widersprüchlich ist. Während er nach „natürlicher" Sexualität fordert und dies mit der natürlichen Heterosexualität im Tierreich begründet, geht er im nächsten Schritt zur Verurteilung aller anderen Formen der Sexualität über, in dem er diese als „Bestalität"[78] bezeichnet. Ein Ausdruck, der die sogenannten widernatürlichen Sexualakte als eine „tierische Handlung"[79] abwertet und negativiert.

Fasst man dies zusammen, fordert Thomas von Aquin also: Verhaltet euch wie die Tiere, denn das ist im Sinne der gottgeschaffenen Natur, aber wenn man sich wider dieses Gesetz verhält, ist das tierisches, bestialisches Handeln und die schlimmste aller Sünden.

Unter Bestialität versteht Aquin verschiedene Dinge, die er anhand unterschiedlicher Schweregrade der Sünde voneinander abstuft. Darunter fallen beispielsweise Selbstbefriedigung, Sexualakte in widernatürlicher Stellung oder widernatürlicher Form, wie Oralsex und Analverkehr und schlussendlich die schwerwiegendste Sünde Homosexualität, die auch Thomas von Aquin als „Sodomie" bezeichnet.[80]

An anderen Stellen, wie bei Bernd-Ulrich Hergemöller, lässt sich allerdings eine andere Unterteilung nach Aquin finden, in der es heißt: „Den 'Beischlaf mit dem unvorschriftsmäßigen Geschlechte' [...] stellt er an die dritte Stelle neben Selbstbefriedigung (*mollities*), Tier-

---

[75]Spreitzer: Die stumme Sünde, S.39
[76]Ebda, S.40
[77]Ebda, S.41
[78]Ebda
[79]Ebda
[80]Ebda, S.41f

6

Mensch-Verkehr (*bestialitas*) und neben den ungehörigen Verkehr mit dem falschen *instrumentum*, d.h., Anal-, Oral- und Interfemoralverkehr."[81]

Alle obengenannten Sünden sieht Aquin, vor dem oben beschriebenen Konstrukt der „ordo naturae", als „Verbrechen vor Gott selbst"[82] Tatsächlich scheint es in späteren Schriften so, als sei Thomas von Aquin die Widersprüchlichkeit seiner benutzen Termini aufgefallen, jedoch änderte dies nichts an den Inhalten und seinen Thesen zu widernatürlichen Sünden.

Ebenso wie sein Lehrer Albertus Magnus, hält auch Thomas von Aquin Homosexualität für eine Krankheit, die sogar genetisch vererbbar sein soll. Weiterhin fordert er nach „Denunziation, Repression und Kriminalisierung" der Sünder. Ein Schritt, zu dem es im Zuge der Ketzerverfolgung dann kommen soll, um den es im nächsten Abschnitt gehen soll.

3. Die Rolle der Homosexualität in der Ketzerverfolgung

Betrachtet man die wissenschaftlichen Ausarbeitungen von HistorikerInnen, ist zu beachten, dass der Großteil der Überlieferungen aus der Zeit der Ketzerverfolgung von den Verfolgern selbst stammt und somit beinahe ausschließlich nur deren Sichtweise zur Verfügung steht.[83]

Die Ketzerverfolgung begann bereits zur Jahrtausendwende und begründete sich in dem Kampf der katholischen Kirche gegen alle Glaubensrichtungen, die nicht mit ihrer „einzig rechten" Auffassung der Dinge über einsprach. Dafür wurde die Inquisition von der Kirche eingerichtet, deren Aufgabe darin bestand, Ketzer zu verfolgen und zu verurteilen.

Schwerwiegende Auswirken auf die Gesellschaft und hohe Ausmaße nahm die Verfolgung der Ketzer in Europa ab dem 11. Jahrhundert. Verfolgt wurden die sogenannten Häretiker, deren Name sich aus dem Delikt ergibt, welches ihnen vorgeworfen wurde, nämlich die „Häresie, also die von einer kirchlichen Autorität festgestellte Abweichung von einem als allgemein christlich angenommenen Glaubensgut"[84]. Ein Begriff, der die freie Wahl des Menschen

---

[81]Bernd-Ulrich Hergemöller: Randgruppen der spätmittelalterlichen Gesellschaft, S.319
[82]Ebda. S.42
[83]Vgl. Spreitzer: Die stumme Sünde, S.45
[84]Daniela Müller: Ketzer und Ketzerverfolgung, 2007.
 https://www.historicum.net/themen/hexenforschung/lexikon/sachbegriffe/art/Ketzer_und_Ketz/html/artikel/5
 520/ca/249dbc6b9117d3077ec3b2b421127872/(9.12.2014, 9:28)

impliziert, sich vom rechten Weg abzuwenden, wodurch sich die Inquisition verstärkt darin bestätigt sieht, diese Mensch en aufzusuchen und zu verurteilen.

Im Verlauf der folgenden Jahre wurde der Begriff der Häresie immer weiter gefasst und verbreitet und gleichzeitig konkretisiert, indem festgelegt wurden, was darunter zu verstehen sei. Im Grund wurden allerdings nahezu alle „kritischen Personen" als Häretiker bezeichnet und allen wurden die „Neigung zu unzüchtigen Handlungen" unterstellt.[85]Seit dem 13. Jahrhundert traf dies auch auf die sogenannten Sodomiten und Homosexuelle zu[86], was durch neue Gesetzgebungen gegen sie in wichtigen Städten ab Mitte des 13. Jahrhundert noch verstärkt wurde: „So hatte sich die Homosexualität zwischen 1250 und 1300 zu einem bei Todesstrafe untersagten Verbrechen entwickelt".[87]

Es lassen sich außerdem aus zeitgenössischen Quellen, wie einer Urkunde aus dem Jahr 1476, in der der Ritter Richart von Hohenburg ein Geständnis zur Homosexualität, die er mit den Begriffen „Sodomie" und „Ketzerei" gleichsetzt, entnehmen, dass der Begriff „Ketzerei" zu dieser Zeit absolut mit gleichgeschlechtlichem Verkehr gleichzusetzen war und sogar in Verbform „jemanden ketzern" als die „aktive Ausübung des Koitus durch einen Mann mit einer Person des gleichen Geschlechts" verwendet wurde.[88] Daran erkennt man, welch große Rolle die Homosexualität in Form der (sexuellen) Sünden wider die Natur in der Ketzerverfolgung spielte.

Einen weiteren Höhepunkt nahm diese Entwicklung in der Ermordung der Templer, auf die in einem späteren Teil noch eingegangen werden soll.

Im späten Mittelalter nahm die Entwicklung der Sodomiterverfolgung zwei unterschiedliche Tendenzen an. Auf der einen Seite wurden die Verfolgungen dieser Ketzer unter noch schärfere Kontrollen gestellt und noch aggressiver und blutiger gegen sie vorgegangen,während auf der anderen Seite neue Formen des Humanismus auftauchten, die für eine Schwächung der Ersteren beitrugen.[89]

Für die Entwicklung im Allgemeinen ist zu großen Teilen die Einrichtung der kirchlichen Institution der Inquisition verantwortlich.

---

[85]Hergemöller: Randgruppen der spätmittelalterlichen Gesellschaft, S.320
[86]Vgl. ebda., S.316
[87]Ebda., S.321
[88]Spreitzer: Die stumme Sünde, S.58
[89]Ebda., S.323

3.1 Inquisition

Im 13. Jahrhundert nahm die Inquisition als Reaktion auf das Erscheinen immer mehr Ketzer(-gruppierungen) ihren vorläufigen Höhepunkt. Ab dem Jahr 1252 war es den Inquisitoren erlaubt, Folter als „Mittel der Wahrheitserpressung, aber auch als Unterdrückungs- und Repressionsmedium"[90] einzusetzen, was durch eine erhebliche Anzahl an anonymen Anzeigen und Lücken im Bußgeheimnis, beziehungsweise recht eindeutiger Aussagen der Pfarrer, häufig zum Einsatz kam.[91]

In seinem Werk „Krötenkuß und schwarzer Kater" beschreibt Bernd-Ulrich Hergemöller die Vorstellungen und Phantasien der Inquisitoren des 13. Jahrhunderts, in denen auch die Sodomie eine große Rolle spielt. Dabei bezieht er sich im Besonderen auf die Bulle „Vox in Rama" (1233), wobei es sich um ein Schreiben des Papstes Georg IX handelt, in dem er darüber informiert, dass laut des Inquisitors Konrad von Marburg eine neue Form der Häresie, die Teufelsanbetung, aufgetaucht sei,[92] worunter auch die Homosexualität und alle weiteren widernatürlichen Sünden fallen.

Zum Audruck kommt immer wieder der Hass des Papstes gegen Sodomiter und Homosexuelle, die auch von bedeutsamen Predigern, wie Berthold von Regensburg geteilt wird.[93] Weiterhin tauchen hier wieder die Ansichten von Albertus Magnus und Thomas von Aquin auf und auch die radikalen Worte des Peter Damianus lassen sich wiederfinden.

In „Vox in Rama" beschreibt Papst Georg IX, wie Sodomie immer wieder zu schlimmen Strafen Gottes führe, was er zu Beginn mit dem Untergang Sodoms begründet und im Weiteren auch das Abschlachten der Benjamiter, nachdem sie sich ebenso wie die Männer Sodoms verhielten, als Beispiel aufführt.[94]

Im Kontext der Ketzerverfolgung, hier im Speziellen der Homosexuellen, durch die Inquisition der Kirche wird man des Weiteren auf zwei Gruppierungen aufmerksam gemacht: Die Katharer und die Waldenser, bei denen es sich um Kirchengruppen handelt, die ein Dorn im Auge der Kirche und auch des Papstes Georg IX darstellten. Dieser befahl dem Inquisitor Konrad von Marburg die Massenvernichtung der Waldenser.[95] Diese Vernichtungsvorgänge hielten bis ins

---

[90]Ebda., S.320
[91]Vgl. ebda.
[92]Bernd-Ulrich Hergemöller: Krötenkuß und schwarzer Kater, S.1ff
[93] Vgl. Hergemöller: Krötenkuß und schwarzer Kater, S. 164f
[94]Vgl. Ebda. S.81ff
[95]Vgl. Spreitzer: Die stumme Sünde, S.55

29

16. Jahrhundert an und zählen zu den Ursachen und der Vorgeschichte der protestantischen Reformation.[96]

Während den Waldensern vordergründig Inzest als sexuelle Straftat im Zuge der Inquisition vorgeworfen wurde (jedoch neben anderen wie Homosexualität), waren es die Katharer die sich angeblich in dunklen Kellern trafen, um dort ausschweifende Sex-Orgien feierten. In Texten des benediktinischen Theologen Guibert de Nogent (11.-12. Jahrundert) lassen sich Beschreibungen solcher „Sekten-Treffen" finden, in denen es heißt, dass „Heterosexualität unter ihnen [den Katharern] sogar verboten sei [...], so daß Männer bei Männern und Frauen bei Frauen lägen. - Männlich *und* weibliche Homosexualität erscheinen als konsequente Folge der Veweigerung des Ehesakramentes [...].".[97]

Auch in Hergemöller's Beschreibung der inquisitorischen Unzucht-Phantasien tauchen die Katharer gehäuft auf. Ihr Verhalten wird im Zuge der „Vox in Rama" als Teufelsanbetung gedeutet.[98] Hergemöller stellt ausgehend von der Papstschrift außerdem eine „unmittelbare Kausalbeziehung zwischen Sodomie und Idolatrie (Teufelskult)"[99] heraus: „Die Ausübung der gleichgeschlechtlichen Neigung bildet demnach nur eine Vorstufe zum Abfall von Gott und zum Götzendienst."[100]

Die Verbindung von Sodomie und Teufelsanbetung führte zu dem, was im nächsten Abschnitt thematisiert werden soll, der Dämonisierung der Homosexualität als Folge des inquisitorischen Entwicklungen im 13. Jahrhundert.

3.2 Dämonisierung der Homosexualität

Die Dämonisierung der Häretiker, und dadurch auch der Homosexuellen führte zur der Entwicklung von der Ketzerverfolgung hin zur Hexenverfolgung und begann mit den Prozessen gegen die bereits erwähnten Waldenser in Frankreich zu Beginn des 14. Jahrhunderts.[101]

Homosexuelle waren von dort an mit Hexen und Zauberern gleichgesetzt und somit wurden auch die Bestrafungen von Hexen durch Papst Johannes XXII mit denen der Häretikern

---

[96]Ebda.
[97]Ebda. S.49
[98]Vgl. Hergemöller: Krötenkuß und schwarzer Kater, S. 149ff
[99]Ebda., S.151
[100]Ebda.
[101]Vgl. Spreitzer: Die stumme Sünde, S.59

gleichgestellt.[102] Die von Hergemöller interpretierte Bulle „Vox in Rama" unterstellt den Häretikern eindeutig den Pakt mit dem Teufel, der durch einen „Anuskuß seine Besiegelung erfahre."[103]

Es lassen sich Quellen aus dieser Zeit finden, in denen Sex-Orgien beschrieben werden, in denen der Teufel selbst teilnimmt, was neu für die Vorwürfe gegen die Häretiker war und diese noch um einiges verstärkte und dramatisierte.[104]

Die Sataninisierung der Homosexualität und die Einführung der physischen Gestalt des Teufels, der nun angeblich selbst an den widernatürlichen Sünden teilnahm, waren auf der einen Seite eine logische Weiterentwicklung der Ketzerverfolgung und andererseits als Rechtfertigung für das (noch brutalere) Vorgehen gegen die Beschuldigten.[105]

Im allseits bekannten „Hexenhammer" lassen sich zahlreiche Andeutungen auf Homosexualität, im Besonderen der Weiblichen, da dort hauptsächlich über die Hexe, also Frauen, geschrieben wurde, finden, die allerdings nicht eindeutig dieser Sexualform zuzuschreiben sind, obwohl ein hoher Anteil der Inhalte des Hexenhammers von Sexualität handelt.

Beispielsweise ist die Rede davon, dass die Hexen „die Herzen der Menschen zu außergewöhnlicher Liebe verändern"[106], wobei man diese außergewöhnliche Form auch als Homosexualität verstehen kann.

Darüber hinaus wurde zu dieser Zeit angenommen, dass die Hexen sich zu geheimen Gruppen zusammenschließen, die nur aus Frauen bestünden, die ein regelkonformes, christliches und somit auch heterosexuelles Leben ablehnen, was neben dem Geschlechtsakt mit dem Teufel ebenfalls eine lesbische Lebensform vermuten lässt.[107] Spreitzer bezeichnet die lesbische Liebe in ihren Abhandlungen als „Kumulativdelikt der Hexerei"[108], was impliziert, dass es jeder Frau, die der Hexerei angeklagt wurde, auch automatisch das Delikt der Homosexualität vorgeworfen wurde. Des weiteren lässt dies vermuten, dass es im Endeffekt gar keinen großen Unterschied

---

[102]Vgl. ebda. S.61
[103]Ebda. S.59
[104]Vgl. ebda.
[105]Vgl. ebda. S.61
[106]Ebda. S.62
[107]Vgl. ebda. S.63
[108]Ebda. S.70

31

für die Angeklagte machen würde, ob sie explizit der Homosexualität angeklagt wird oder nicht, da die Anklage der Hexerei dies bereits beinhaltet.

An anderer Stelle des Hexenhammers findet sich ein Kapitel, in dem beschrieben wird, dass sogar die Dämonen vor dem zurückschrecken, was in Sodom passiert ist, was impliziert, dass Hexen moralisch noch verdorbener handeln, als die Dämonen selbst. Dies führte dazu, dass spätestens seit der Veröffentlichung des Hexenhammers, der Vorwurf der Hexerei und des Pakts mit dem Teufel nicht mehr ohne den gleichzeitigen Vorwurf der Homosexualität/Sodomie vorstellbar war.[109]

Zur der Zeit, in der der Hexenhammer erschien, bestand in den Köpfen der Menschen ein ganz bestimmtes Bild des Teufels und zwar wurden die „Vorstellungen über den Teufel vom griechischen Gott Pan abgeleitet, der als homosexuell galt"[110], da ihm die Ausübung des homosexuellen Analverkehrs vorgeworfen wird und somit war auch der Teufel in der Vorstellung der mittelalterlichen Gesellschaft allgemein als Homosexueller gezeichnet.

Im Grunde lässt sich die Homosexualität, der die Hexen und Ketzer in den Hexenprozessen des Spätmittelalters beschuldigt wurden, in den meisten Fällen als Homosexualität mit dem Teufel zusammenfassen, wobei dies nicht sonderlich viel mit der ursprünglichen oder der heutigen Bedeutung gemein hat.

Auch in den darauffolgenden Jahrhunderten wurden Homosexuelle weiterhin verfolgt und verurteilt. Einen ersten Schritt für ihre Freiheit erlangten sie, als durch die französische Revolution in vielen Staaten die Gesetze gegen die widernatürlichen Sünden abgeschafft wurden, jedoch wurde Homosexualität von dort an mehr als Krankheit angesehen, die es zu heilen galt.[111]

3.3 Exkurs: Die Templer und Homosexualität

Zuletzt soll nun ein Blick auf den Templerorden geworfen werden, der als explizites Beispiel für den Umgang und die Auswirkungen von Homosexualität im Mittelalter vorgestellt werden soll.

---

[109]Vgl. ebda. S.62f
[110]Ebda. S.66
[111]Vgl. http://www.onmeda.de/sexualitaet/homosexualitaet-geschichte-2230-2.html (12.12.2014, 13:04)

Der Ursprung der Templer lässt sich Anfang des 12. Jahrhunderts in Jerusalem verorten, wo ihre Aufgabe darin bestand, die christlichen Stätten zu schützen.[112] In den folgenden zwei Jahrhunderten zogen sie für die Kirche in den Krieg und waren seit dem ersten Kreuzzug ein unverzichtbarer Ritterorden für die Christen.[113]

Der Templerorden wurde im Laufe dieser Jahre immer mächtiger, sodass er zu Beginn des 14. Jahrhunderts den machtvollsten und auch wohlhabendsten Orden im Christentum darstellte, was dem französischen König Philipp IV., auch als „Philipp der Schöne" bekannt, ein Dorn im Auge war, da er ihre Macht fürchtete und ihren Reichtum neidete, sodass er sich dies selbst aneignen wollte.[114] Aus diesem Grund beschuldigte er die Mitglieder des Templerordens Anhänger des Satanismus zu sein und regelmäßig homosexuelle Handlungen in ihren Treffen durchzuführen und neue Mitglieder in Sodomie auszubilden. Die Tatsache, dass Philipp keine Beweise für diese Anschuldigungen vorbringen konnte, ließ sich einfach begründen, da die Treffen der Templer stets streng geheim stattfanden, was eher für die Vorwürfe sprach, da Geheimhaltung als ein Indiz für Illegales gewertet werden kann.[115] In auffallend vielen Protokollen und Schriften zu diesen Prozessen lässt sich die Beschreibung „daß sich die Ritter schlimmer verhielten als das stumme Vieh" finden.[116]

Philipp gelang es schnell den amtierenden Papst Clemens V von den Anschuldigungen zu überzeugen und hatte somit die Inquisition auf seiner Seite.

An einem Freitag dem 13. im September 1307 erließ er einen Haftbefehl gegen den gesamten Templerorden, dies war der Beginn der Prozesse gegen die Templer, der in ihrer Massenhinrichtung endete. Auffällig war besonders, dass ein weltlicher, der französische König, und nicht etwa die Kirche das Verfahren gegen die Templer aufnahm, was in dieser Form zu der Zeit nicht üblich war. Im Gegensatz dazu verliefen die unterschiedlichen Verfahrensteile jedoch sehr üblich und nach dem vorherrschenden kanonischen Recht, welches den Einsatz von Folter einschließt und so zum Ablegen etlicher Geständnisse führte.[117] Beispielsweise heißt es in einem der protokollierten Geständnisse:

---

[112]https://www.historicum.net/persistent/artikel/8509/ (12.12.2014, 14:17)
[113]John Charpentier: Die Templer. S.9ff
[114]Vgl. John Boswell: Christianity, Social Tolerance, and Homosexuality. S.296f
[115]Vgl. John Boswell: Christianity, Social Tolerance, and Homosexuality. S.296f
[116]Hergemöller: Krötenkuß und schwarzer Kater. S.373
[117]Vgl https://www.historicum.net/persistent/artikel/8509/ (16.12.2014, 15:56)

„Ferner sagte er, daß ihm der besagte Meister in Anwesenheit der besagten Brüder eingeschärft hätte, daß er keinen der Ordensbrüder zurückweisen dürfe, wenn sich dieser mit ihm fleischlich vereinigen wolle, und daß er sich selbst schließlich auch mit den Brüdern vereinigen könne, wann er wolle, denn – so wurde ihm gesagt- dieses werde durch die Geheimstatuten dieses Ordens gestattet.“[118]

Die weiteren Geständnisse ähneln im Punkt Sexualität dieser Aussage.

Die Anklagepunkte erweiterten sich während der Verhöre bis zum Jahr 1310 auf insgesamt 127, wobei Sodomie neben Punkten wie Götzenverehrung und Ketzerei nur einer von vielen war.

Viele der Angeklagten wurden daraufhin getötet, indem sie auf dem Scheiterhaufen verbrannt wurden. Besonders viele Templer fanden in Frankreich den Tod, währen in Ordensbrüder in England und anderen Ländern etwas milder verurteilt wurden und teilweise mit langen Gefängnisstrafen davon kamen. Viele flohen nach Schottland und lebten dort sozusagen im Exil.[119]

In der Bulle „Vox in excelso“, die Papst Clemens im Jahr 1312 auf dem Konzil von Vienne verlautbarte, wurde der Templerorden offiziell aufgelöst. Dies war das offizielle Ende des Ordens.[120]

Da die „sichere Methode der Beweiserlangung“, sprich Folter, eingesetzt wurde, um an die Geständnisse der Ordensmitglieder zu gelangen, kann nur schwer beurteilt werden, ob in diesen Geständnissen (zumindest teilweise) auch Wahrheiten zu finden waren. Was wirklich während den geheimen Ordenstreffen stattfand, ob es zu Ketzerei und homosexuellen Handlungen kam, bleibt ungewiss.

Bewiesen ist allerdings die Tatsache, dass König Philipp die Sodomie und Ketzerei mithilfe der Inquisition als Instrument/Waffe erfolgreich einsetzen konnte. Hierbei handelt es sich nur um ein Beispiel von vielen, auch wenn es wohl das Bekannteste ist. Ähnlich funktionierte dies wohl auch im Kleinen. Einen unliebsamen Nachbarn oder Rivalen konnte man durch die Kriminalisierung von Sodomie und Ketzerei beseitigen, indem man ihn bei der Inquisition dieser Sünden beschuldigte und anschwärzte. Wie die Templer, starben die meisten dieser Beschuldigten als Ketzer auf dem Scheiterhaufen.

---

[118]Hergemöller: Krötenkuß und schwarzer Kater. S.374
[119]Vgl.Andreas Beck: Der Untergang der Templer: der größte Justizmord des Mittelalters. S.234ff
[120]Vgl. ebda

34

4. Zusammenfassung/Fazit

Homosexualität spielte im Hochmittelalter eine relativ große Rolle in der Gesellschaft, besonders im Zusammenhang mit der Kirche und der Inquisition. Zu weiblicher Homosexualität lassen sich allerdings nur äußerst wenige Überlieferungen finden, während von Männern, die der „widernatürlichen Sünde" verfallen doch sehr häufig die Rede ist. Man kann sie innerhalb des Klerus und der Ritterorden finden und es war einer der Gründe für die nicht unwesentliche Anzahl von Männern, die im Zuge der Hexen- und Ketzerverfolgung getötet wurde.

Am Beispiel der Templer wird deutlich, dass die Anschuldigungen der Homosexualität seit ihrer Kriminalisierung auch als eine Art Waffe eingesetzt werden konnte, um beispielsweise unliebsame (Gruppen von) Menschen schnell und einfach los werden zu können. Durch die Legalisierung der Folter erhielten die Inquisitoren im Großteil der Prozesse ein Geständnis der Beschuldigten, was fast immer den Tod für diese bedeutete.

Durch den Blick, der auf die verschiedenen Theorien von Albertus Magnus, Thomas von Aquin und Anderen geworfen wurde, lässt sich erkennen, wie die Sichtweise der Kirche auf Homosexualität zustande kommt. Ich persönlich finde es hierbei erschreckend, dass einige Menschen auch noch nach 1000 Jahren diese Sichtweisen vertreten und Homosexualität nach wie vor ein Thema ist, welches vor allem in der katholischen Kirche noch heute mit Strafen und Abscheu betrachtet wird. In vielen aktuellen Positionen von christlich geprägten Gruppierungen lassen sich originale Aussagen von Thomas von Aquin als Argumentation gegen Homosexualität finden und auch in anderen Religionen ist diese Lebensform verachtet und wird in manchen Teilen der Welt auch heute noch mit dem Tod bestraft.

Die Abscheu gegen Homosexuelle hat, wie hier aufgezeigt wurde, eine lange Tradition. In den meisten Teilen der Welt, hauptsächlich in den westlich geprägten Ländern, kämpfen homosexuelle Menschen heute täglich um ihre Rechte und gegen ihre Diskriminierung, sodass dieses Thema noch immer sehr aktuell ist. Ein Umdenken hat zwar seit dem Mittelalter stattgefunden, ist aber leider noch nicht in jedem Kopf wirklich umgesetzt worden.

5. Literatur

Primärliteratur:

- Beck, Andreas: Der Untergang der Templer. Der größte Justizmord des Mittelalters. Freiburg 1993
- Boswell, John: Christianity, Social Tolerance, and Homosexuality. Gay people in Western Europe from the Beginning of the Christian Era to the Fourteenth Century. Chicago 1980
- Brundage, James A./Vern L. Bullough: Handbook of Medieval Sexuality. New York/London 1996
- Charpentier, John: Die Templer. Paris 1961
- Hergemöller, Bernd-Ulrich: Krötenkuß und schwarzer Kater. Ketzerei, Götzendienst und Unzucht in der inquisitorischen Phantasie des 13. Jahrunderts. Warendorf 1996
- Hergemöller, Bernd-Ulrich: Randgruppen der spätmittelalterlichen Gesellschaft: ein Hand- und Studienbuch. Warendorf 1990
- Lutterbach, Hubertus: Sexualität im Mittelalter. Eine Kulturstudie anhand von Bußbüchern des 6. bis 12. Jahrhunderts. Köln 1999
- Spreitzer, Brigitte: Die stumme Sünde. Homosexualität im Mittelalter mit einem Textanhang. Göppingen 1988

Internet-Quellen:

- http://www.duden.de/rechtschreibung/Homosexualitaet (4.11.2014; 10:08)

- http://u01151612502.user.hosting-agency.de/malexwiki/index.php/Sodomie (5.11.2014; 13:46)
- http://www.bibel-online.net/buch/luther_1912/1_mose/13/#13 (5.11.2014; 16:20)
- https://www.huk.org/cms/front_content.php?idart=168 (5.11.2014. 17:22)
- http://www.heiligenlexikon.de/BiographienP/Petrus_Damiani.htm (6.11.2014. 14:29)
- Vgl. http://www.onmeda.de/sexualitaet/homosexualitaet-geschichte-2230-2.html (12.12.2014, 13:04)
- Daniela Müller: Ketzer und Ketzerverfolgung, 2007. https://www.historicum.net/themen/hexenforschung/lexikon/sachbegriffe/art/Ketzer_und_Ketz/html/artikel/5520/ca/249dbc6b9117d3077ec3b2b421127872/ (9.12.2014. 9:28)

Sekundärliteratur:

- Cadden, Joan: Meanings of sex difference in the Middle Ages. Medicine, science, and culture. Cambridge 1993
- Schubert, Ernst: Alltag im Mittelalter. Natürliches Lebensumfeld und menschliches Miteinander. Darmstadt 2002

Sexualität im Mittelalter

Zwischen Sexualität, Kirche und Gesellschaft

Alexandra Krüger

1. Einleitung

Die christliche Kirche, die im Mittelalter eine sehr große Rolle im Alltagsleben der Menschen spielte, predigte Enthaltsamkeit und Keuschheit. Jungfräulichkeit wurde als Ideal für ehrbare Frauen angesehen und der sexuelle Akt galt als schmutzig. Er wurde nur zum Zwecke der Fortpflanzung toleriert.

So scheint das vom Glauben geprägte Mittelalter in Verbindung mit Sexualität ausgesehen zu haben. Doch wie war es wirklich? Konnten die Menschen ihre sexuellen Triebe einfach so abschalten, wobei Sexualität heutzutage doch etwas so Natürliches ist. Und steht die Auffassung, dass Sex etwas Unnatürliches ist nicht im Widerspruch mit der Forderung „Seid fruchtbar und mehret euch!"[121] aus dem ersten Buch Mose? Was forderte die Kirche und was die Gesellschaft? Wie konnte dies im Alltag umgesetzt werden?

Dies sind nur einige Fragen, die diese Arbeit versucht zu klären. Interessant ist hierbei zweifelsohne auch der Akt an sich. Wie schliefen die Menschen miteinander, wenn ihnen doch bewusst gewesen sein muss, dass dies als eine Sünde galt? Doch ganz so keusch wie man glaubt, war das Mittelalter nicht. Hätten die Menschen im Mittelalter nicht ihren sexuellen Trieben nachgegeben, dann wären auch keine Kinder mehr geboren worden und das ist nach der heutigen Bevölkerung in Europa zu beurteilen, nicht so gewesen.

Wie bei jeder historischen Arbeit, stellt sich auch hier die Frage der Quellen. Woher erhält man Informationen über das Intimste der Menschen? Dies soll im zweiten Kapitel geklärt werden. Die unterschiedlichen Quellenarten werden vorgestellt und bewertet. Hierbei sollen sich die Ausführungen vor allem auf die Arbeit von Thomas Bein von 2003 stützen.

Im darauffolgenden Kapitel soll es schließlich um die Kernfragen gehen. Das Zusammenspiel von Kirche, Gesellschaft und Sexualität wird beleuchtet. Der sexuelle Akt an sich – außerhalb und innerhalb der Ehe – sowie die Einstellung der Kirche und der Gesellschaft dem gegenüber. Die Abhandlungen „Sexualität im Mittelalter" von Ruth Mazo Karras (2006) und Jean Verdons „Irdische Lust – Liebe, Sex und Sinnlichkeit im Mittelalter" aus dem Jahre 2011 bieten hierbei einen detaillierten Einblick. Am stärksten geächtet wurde im Mittelalter Homosexualität, weshalb sich Kapitel 3.2. dieser Thematik widmen soll, um auch einen kleinen Einblick über die heterogeschlechtliche Sexualität hinaus zu bieten.

---

[121] 1. Mose 1, 22.

Das Ziel dieser Arbeit ist schließlich, zu verdeutlichen, was der sexuelle Akt und sexuelle Eigenarten im Mittelalter bedeuteten und wie die Menschen mit der kirchlichen Doktrin sowie der gesellschaftlichen Norm umgingen.

2. Die Quellen

Um sich dem Thema Sexualität im Mittelalter anzunähern, stellt sich vor allem die Frage, woher man Informationen zum sexuellen Verhalten und dem Umgang mit der Sexualität im Mittelalter beschaffen kann. Welche Quellen bieten einen Einblick in diese Thematik? Zum einen sind das die literarischen Texte wie die der Lyrik und Epik – aber auch geistliche Texte gehören dazu. Weiteren Aufschluss in das Thema bieten außerdem die medizinischen Texte aus dem Mittelalter. Die genannten Quellen sollen im Folgenden kurz skizziert werden.

2.1. Lyrik

Der Minnegesang, der auch als Liebeslyrik des Mittelalters bekannt ist, wird häufig als erstes genannt, wenn man nach den Dokumenten fragt, die Informationen über das Liebesverhalten der mittelalterlichen Personen preisgeben. Dies liegt vor allem daran, dass man im Mittelalter nicht zwischen dem literarischen Ich und dem Autor unterschied. So wurden z.B. Texte von Walther von der Vogelweide biographisch gelesen. Heutzutage wird dies differenzierter betrachtet und man kann daher nicht automatisch davon ausgehen, dass die Beschreibung der Liebe und der Sexualität mittelalterlicher Autoren deckungsgleich mit der damaligen Realität ist.[122]

Insbesondere das 12. Jahrhundert spielt eine große Rolle im Bereich der Lyrik. Die unglückliche Liebe zwischen Abälard, einem gebildeten Philosophen und Theologen, mit seiner Schülerin Héloise – dokumentiert in einem Briefwechsel – gehört zu den wichtigsten Zeugnissen mittelalterlicher Liebe. Héloises Onkel lässt Abälard kastrieren, nachdem er erfährt, dass seine Nichte schwanger von ihm ist und zerstört dadurch die Liebe der beiden. Auch wenn die Authentizität der Briefe nicht ganz geklärt ist, handelt es sich um historisch nachgewiesene Personen und deshalb um ein wichtiges historisches Dokument.[123]

---

[122] Vgl. Thomas Bein (2003): Liebe und Erotik im Mittelalter. Graz, Austria: Akademische Druck- u. Verlagsanstalt. S. 15.
[123] Vgl. Ebd. S. 15-16.

Ein solches Zeugnis ist jedoch sehr selten. Häufiger finden sich literarische Texte mit fiktiven Liebespaaren. Zu der lateinischen Liebesdichtung treten im 12. Jahrhundert auch volkssprachliche Texte. Wichtiger jedoch ist die Entwicklung, die sich in Süd- und Nordfrankreich abzeichnete: Eine beträchtliche Anzahl an Liebeslyrik der *Trobadors* und *Trouvères* (beides zu Deutsch: der Dichter) prägt die literarische Szene. Insbesondere die Bezeichnung des Trouvère macht das Selbstverständnis der Dichter des Mittelalters deutlich. Das französische Verb *trouver* (dt. finden) zeigt, dass es den Dichtern insbesondere um das Auffinden von Stoffen, Formen und Inhalten ging, und nicht um das Erfinden.[124]

Im Gegenteil zu der romanischen Lyrik wird im germanischen Minnegesang schnell deutlich, dass er einen fiktiv-fiktionale Status innehat, was z.b. durch das Weglassen eines konkreten Namens der besungenen Frau deutlich wird.[125]

Der Minnesang durchläuft im Laufe von ca. 200 Jahren eine Entwicklung, wodurch sich mehrere Strömungen entfalten[126]. So werden z.b. in Donauländischen Gesängen Liebeswünsche der Frauen klar ausgesprochen, was jedoch im Hohen Minnesang nicht mehr nachzuweisen ist. Bein definiert den Hohen Minnesang wie folgt:

> Der *Hohe Sang* zeichnet sich durch ein ganz distanziertes Geschlechterverhältnis aus: der Mann wirbt und dient einer – nie konkretisierbaren – Frau, wohl wissend, dass seine Werbung niemals Erfolg beschert sein wird. Der Mann leidet, ist aber angesichts dieses Leides auch erfreut; er hofft, aufgrund seines beständigen Werbens, *werdekeit* (Wert, Werthaftigkeit, Würde) zu erlangen; es geht hier nicht um Liebe als erotische oder gar sexuelle Verbindung, sondern um eine ethische Vervollkommnung des Mannes.[127]

2.2. Epik

Über den sozialen Status der Liebesbeziehung wird in der Lyrik wenig bis gar nichts gesagt – d.h. es ist nicht bekannt, ob der Werber eine Ehe anstrebt oder die Frau bereits verheiratet ist. Als Rezipient erfährt man demnach nichts über den Alltag der Beziehung und ihre soziale Relevanz. Anders ist dies in der Epik: Es werden Beziehungen über lange Zeit hinweg beschrieben oder auch Ehewerbungen mit anschließender Hochzeit nacherzählt. In fast jedem

---

[124] Vgl. Ebd. S. 16.
[125] Vgl. Ebd. S. 17.
[126] Zudem kann auch zwischen folgenden Minnesang-Typen unterschieden werden: Naturlied, Preislied, Klagelied, didaktorisches Lied, Dialoglied, Tageslied, Botenlied, Pastourelle, Kreuzlied und schließlich das obszöne Lied. Näheres hierzu: Helmut Brackert (Hg.) (2008): Minnesang. Mittelhochdeutsche Texte mit Übertragungen und Anmerkungen. Frankfurt, M: Fischer-Taschenbuch-Verl. S. 354 ff.
[127] Bein 2003. S. 17.

epischen Text finden sich Themen von Liebe, Ehe, Ehebruch, Erotik bis hin zur Sexualität, auch wenn erst auf den zweiten Blick erkennbar. Beispiele sind unter anderen der *Eneasroman* von Heinrich von Veldeke (aus den 1170er Jahren), die beiden Artusromane *Erec* und *Iwein* von Hartmann von der Aue (12,/13. Jahrhundert), der Gralsroman *Parzival* vom Anfang des 13. Jahrhunderts von Wolfram von Eschenbach oder natürlich auch der *Tristan-Roman* von Gottfried von Strauß ebenfalls aus dem ersten Viertel des 13. Jahrhunderts.[128]

Aber auch *Märendichtungen*, kleine Erzähltexte mit komischen Elementen, in denen konfuse Beziehungen zwischen Mann und Frau instrumentalisiert werden, um eine Hörerschaft zu amüsieren, geben Aufschluss über Liebe und Sexualität. Diese konnten durchaus auch pornografisch ausufern, stützen sich aber hauptsächlich auf Metaphorik. Die Personen der Märendichtung werden zum Gespött: Ehemänner werden zu

„Deppen" genauso auch die Liebhaber der meist einfältigen Frauen. Natürlich waren diese epischen Werke vorwiegend der Unterhaltung verpflichtet, dennoch muss eine gewisse Realität hinter den Geschichten stecken, da man sonst nicht darüber geredet hätte. Literatursoziologisch stellen die Mären aber eine große Herausforderung dar, da schwer zu rekonstruieren ist, was einen realen Ursprung hat.[129]

Sehr nahe kommen den Märendichtungen die *Fastnachtsspiele*. Die anführende Thematik dieser Spiele war die *Sexualität* gepaart mit frauenfeindlichen Tendenzen. Die Dichter der Fastnachtsspiele waren äußerst kreativ, was die Bezeichnungen der Geschlechtsteile oder des Geschlechtsverkehrs angeht. Keine andere literarische Gattung hat eine solche Fülle an Synonymen hervorgebracht und viele der heutigen obszön-sexuellen Begrifflichkeiten stammen aus dem späten 14. und 15. Jahrhundert, in denen die Fastnachtsspiele ihre Blütezeit fanden.[130] Für die Wissensbeschaffung in Bezug auf die Sexualität im Mittelalter stellen die Fastnachtsspiele eine sehr wichtige Quelle dar, da hier ein ungehemmter Umgang mit der Thematik vorzufinden ist. In ihnen wird sogar das noch stärker tabuisierte Thema der Exkremente behandelt.[131]

Es bleibt jedoch unumstritten, dass diese literarischen Texte eine gewisse Problematik mit sich bringen, wenn man glaubt sie eins zu eins auf die Wirklichkeit des Mittelalters übertragen zu

---

[128] Vgl. Ebd. S. 20-21.
[129] Vgl. Ebd. S. 21-22.
[130] Näheres hierzu: Johannes Müller (1988): Schwert und Scheide. Der sexuelle und skatologische Wortschatz im Nürnberger Fastnachtspiel des 15. Jahrhunderts. Bern; New York: P. Lang.
[131] Vgl. Bein 2003. S. 22.

können. Die dargestellte Liebe ist ein Konstrukt, welches in einer fiktiven Welt mit eigenen Regeln existiert. Diese Welten sind Modelle der realen Welt und sind laut Bein als Projektion, Überhöhung, Utopie oder Gegenentwurf der Realität zu interpretieren sind.[132]

2.3. Theologische Texte

Eine weitere Quellenart sind die theologischen Texte. Da das Mittelalter sehr durch die christliche Religion geprägt ist und ihre Vertreter häufig des Lesens und Schreibens mächtig waren, verwundert es nicht, dass es viele Niederschriften gibt, die sich mit Liebe und Sexualität beschäftigen. Die Kirche entwickelt ethische Programme und erkennt die Ehe als einzigen Ort an, wo Geschlechtsverkehr stattfinden darf, da er der Fortpflanzung des menschlichen Geschlechts dient und damit dem göttlichen Auftrag folgt. Ehebruch wird stark geahndet und Scheidung nur geduldet, wenn Unfruchtbarkeit die Ehe kinderlos macht. Da Sexualität durch die Kirche „kontrolliert" wurde, finden sich viele Dokumente, die Zeugnis der Sexualität im Mittelalter ablegen.[133]

Insbesondere war aber auch das Sexualleben der Geistlichen reglementiert. Das Zölibat, das bis heute in der katholischen Kirche vorzufinden ist, sollte schon im 4./5. Jahrhundert in der Westkirche eingeführt werden. Dies gestaltete sich jedoch zunächst schwierig. Im 11./12. Jahrhundert wurden die Forderungen nach dem Zölibat jedoch wieder lauter: „,'Vor allem beanspruchen die Priester jetzt/ für sich auch noch das Recht,/ als Priester/ nicht auf Frauen verzichten zu müssen./ Dabei sollten sie sich von denen, die ihnen anvertraut sind,/ - um einen Vergleich zu ziehen - / so wie der Viehwirt vom Vieh/ und der Meister von den Jüngern/ abheben.'"[134] Ehelosigkeit galt folglich als Ideal und sexuelle Handlungen Geistlicher wurden stärker bestraft als die der Laien.[135] Bei den theologischen Texten erweist sich eine Textart als ziemlich aufschlussreich: die Bußbücher (lat. libri poenitentiales). Bußbücher beinhalten Listen mit Sünden und den dazugehörigen Bußleistungen. Zu den Sünden gehören zweifelsohne die sexuellen Verfehlungen, die in den Bußbüchern sehr detailliert beschrieben werden. Vorzufinden sind unter anderen: Oral- oder Analverkehr, unnatürliche Positionen, Sex mit gleichgeschlechtlichen Partnern oder einer unreinen (menstruierenden) Frau. Ferner stand es unter Strafe, den Ehepartner nackt zu sehen oder künstliche Penisse zu

---

[132] Vgl. Ebd. S. 23.
[133] Vgl. Ebd. S. 25.
[134] Zit. nach. Ebd.
[135] Vgl. Ebd. S. 25.

verwenden, was ebenfalls in den Bußbüchern vorzufinden ist.[136]

Bein weist mit Nachdruck darauf hin, dass auch die theologischen Texte nicht als die Wirklichkeit des Sexualverhaltens betrachtet werden darf. Die Kluft zwischen dem geforderten Sexualverhalten der Kirche und der in den Bußbüchern notierten Sünden klafft weit auseinander. Das Augenmerk bei dieser Art von Quelle muss auf die Verfasser gelegt werden. Geschrieben wurden die Bußbücher nämlich von den Personen, denen der sexuelle Akt untersagt worden ist. Die aufgeführten sexuellen Praktiken sind zum einen natürlich die gebeichteten Sünden, welche eventuell auch noch zugespitzt beschrieben worden sind, zum anderen können es aber auch sexuelle Phantasien der Kleriker sein, was in der Forschung bereits hin und wieder angenommen wurde.[137]

Unter den theologischen Texten ragt eine stark frauenfeindliche Abhandlung des Kaplans namens Andreas Capellanus vom Ende des 12. Jahrhunderts heraus. Mit dem Titel *De Amore* (dt. Über die Liebe) schreibt Andreas Capellanus eine Hetzschrift gegen das Wesen der Frau und die höfische Liebe und verdammt die Sexualität. In *De Amore*, welches bis in das 16. Jahrhundert stark rezipiert wurde, kann man unter anderem lesen, dass

> alle (!) Frauen der Trunksucht verfallen und verfressen seien, dass sie geschwätzig seien, dass sie ständig mit anderen Frauen zanken, dass sie lügen, betrügen und stehlen würden, missgünstig seien und stets und ständig von übermäßiger sexueller Lust getrieben nur untreu sein könnten. Schließlich seien sie von ihrem Wesen her habgierig und würden sofort ihren Körper jedermann anbieten, wenn dabei nur Gold und Geschmeide herausspringt.[138]

Ein solch frauenfeindliches Werk ist im Mittelalter fast einzigartig, wenn auch eine misogyne Einstellung zu jener Zeit zu verzeichnen ist.[139]

---

[136] Vgl. Ebd. S. 26. Näheres dazu: Hubertus Lutterbach (1999): Sexualität im Mittelalter. Eine Kulturstudie anhand von Bußbüchern des 6. bis 12. Jahrhunderts. Köln; Wien: Böhlau.
[137] Vgl. Ebd.
[138] Ebd. S. 27.
[139] Vgl. Ebd.

2.4. Medizinische Texte

Wichtig für die Thematik der Sexualität sind insbesondere die medizinischen Schriften der Diätetik und der Gynäkologie. Zuerst genanntes beinhaltet die Lehre der Lebensart und umfasst alle Begleitumstände des menschlichen Lebens. Die Diätetik basiert auf dem Prinzip, den Säftehaushalt des Körpers im Gleichgewicht zu halten. Zu diesen Säften gehören das Blut, der Schleim sowie die gelbe und schwarze Galle. Ein Ungleichgewicht wurde als Ursache für Krankheiten angesehen und mit chirurgischer und medikamentöser Therapie behandelt. Aber auch diätetische Maßnahmen konnten zur Heilung führen und wurden prophylaktisch angewandt. Die diätetischen Bestimmungen wurden z.B. in dem Regelwerk *Regimen sanitatis salernitanum* aus dem 12. Jahrhundert festgehalten. Erst im 16. Jahrhundert wurden die Diätregeln allmählich kritisiert und modifiziert. Natürlich spielt bei diesen Reglementierungen die Nahrungsaufnahme eine große Rolle aber auch – und für unsere Thematik sehr aufschlussreich – das geregelte Sexualleben. Hierbei geht es um die Regelmäßigkeit, die richtige Zeit für den Beischlaf und Anweisungen wie viel oder wenig man zuvor gegessen haben sollte.[140] Auch die Menstruation der Frauen oder der nächtliche Erguss der Männer wurde durch das Säftegleichgewicht erklärt.[141]

Abbildung 1 im Anhang zeigt eine Seite aus einem Sexualratgeber des 13. Jahrhunderts. Abgebildet sind ein Mann und eine Frau, deren untere Körperhälften verdeckt bleiben. Der starke Faltenwurf der Decke weist auf eine rege Bewegung der Körper hin. Der Text eröffnet ein Kapitel darüber, wie man mit einer Frau schläft. Der Mann mit der Nachthaube liegt oben, was als natürliche Position angesehen wurde. Zudem weist der Text auf die richtige Zeit des Beischlafs und Verfassung des Mannes hin, um ein Kind zu zeugen. Hierbei wird also eine Verbindung zur theologischen Vorschrift – nämlich, dass der sexuelle Akt zur Fortpflanzung gedacht ist – geknüpft.[142]

Insgesamt ist hier positiv zu bemerken, dass Sexualität nicht als etwas Schlimmes angesehen wird und zur menschlichen Existenz dazugehöre. Dass der sexuelle Akt immer auch die Zeugung eines Kindes mit sich bringen muss, ist in den diätetischen Texten eher nebensächlich. Man ist sich bewusst, dass Sex den ursprünglichen Zweck der Zeugung hat, dies spielt aber bei den diätetischen Regeln keine große Rolle. Es geht hier vor allem darum, dass der Mensch ohne

---

[140] Vgl. Ebd. S. 27 ff.
[141] Vgl. Ruth Mazo Karras (2006): Sexualität im Mittelalter. Düsseldorf: Artermis & Winkler. S. 107.
[142] Vgl. Bein 2003. S. 110.

Sexualität krank wird.[143]

Im Hochmittelalter wird der Gynäkologie wieder stärkeres Interesse entgegengebracht, insbesondere aufgrund des Interesses an Zeugung und Entwicklung. Mehrere Schriften entstehen – zunächst noch in lateinischer Sprache, aber auch bald in volkssprachlichen Werken für den alltäglichen Gebrauch (z.b. *Das Fräuleinbuch des Ortolf von Baierland* vor 1500). Zwei Themenkomplexe machen den Forschungsbereich aus: Zum einen Geschlechtsverkehr, Zeugung, Schwangerschaft und Geburt, zum anderen Anomalien wie Geschwüre und Geschwulste an den Genitalien, Unfruchtbarkeit, Problemgeburten etc. Auch Empfängnisverhütung, Aphrodisiaka und Abtreibungen werden hier untersucht und niedergeschrieben, auch wenn zwei von ihnen zu den schlimmsten Sünden gezählt wurden.[144]

Nicht zu vergessen sind natürlich die Bildquellen, welche sich in einer großen Anzahl vorfinden. Ein Beispiel haben wir oben bei den Diätetiken gesehen. Zusammenfassend ist festzuhalten, dass diese Hauptquellen zwar einen großen Anteil an Informationen liefern, sie aber dennoch kein Abbild für die Wirklichkeit bieten, denn insbesondere die Emotionalität, die bei Liebe und Sexualität eine wichtige Rolle spielt, kann schwer in Worte gefasst werden. Am nächsten kommt dem wohl die Lyrik und Epik – aber wie authentisch können diese fiktiven Textsorten sein? Das ist schwer zu klären. Emotionen können daher im weiteren Verlauf keine Rolle spielen.

3. Sexualität im Mittelalter

Das Mittelalter in Europa hatte insgesamt eine negative Einstellung zur Sexualität. Ihre Ausübung galt als Gefahr für das Seelenheil. Jedoch ist die Assoziation, dass das Mittelalter lüstern und sinnlich sei, dennoch nicht zu verwerfen – denn nicht jeder hielt sich an die kirchliche Sexualdoktrin.[145] Zwei gegensätzliche Auffassungen von Sexualität standen sich demnach gegenüber. Im Folgenden soll es nun darum gehen, wie sich die Sexualität der Menschen im Mittelalter äußerte, der sexuelle Akt innerhalb und außerhalb der Ehe, und welche Einstellung die Kirche und Gesellschaft in Bezug auf Sexualität hatte.

---

[143] Vgl. Ebd. S. 29.
[144] Vgl. Ebd. S. 30 f.
[145] Vgl. Ruth Mazo Karras 2006. S. 13.

3.1. Sexualität, Kirche, Gesellschaft

In vielen mittelalterlichen Texten wird Sexualität in Zusammenhang mit der „Sünde wider der Natur" gebracht, dennoch ist schwierig zu sagen, was die Autoren unter

„Natur" verstanden bzw. als „natürlich" ansahen. Natur wurde unter anderem von den mittelalterlichen Verfassern als dasjenige interpretiert, was Tiere tun und *das* inklusive der Fortpflanzung. Dennoch war es eine Sünde, wie die Tiere miteinander zu schlafen (von hinten) oder auch Inzest zu betreiben. Auch wenn Tiere keine Rücksicht auf Verwandtschaftsverhältnisse nehmen und Inzest für die Fortpflanzung der Tiere ein ganz natürlicher Hergang ist. Für Mensch ist Inzest damals wie auch heute wider die Natur. Bei dem „Natürlichen" oder später auch „Normalen" geht es vielmehr um gesellschaftliche Zwänge. Sich *widernatürlich* wie die Tiere fortzupflanzen war also an sich nichts Unnatürliches, sondern vielmehr etwas, was in der Gesellschaft des Mittelalters nicht geduldet wurde. In jener Gesellschaft war die einzig tolerierte Position die Missionarsstellung. Es war verpönt, wenn die Frau die obere Position einnahm, da es dabei zum Verlust des männlichen Samens kommen könnte, welcher nur an dem von der Natur vorgesehenen Ort vergossen werden durfte – dies geht auch damit einher, dass der sexuelle Akt nur der Fortpflanzung halber vollzogen werden durfte. Alles andere war eine Sünde.[146]

Der christliche Glaube predigt, dass alles was Gott geschaffen habe, gut sei und dazu gehört auch der menschliche Körper. Warum will die Kirche dann die menschlichen Bedürfnisse wie die Sexualität reglementieren? Zum einen liegt das an den dualistischen Spannungen, die den christlichen Glauben durchziehen – der Geist und die Körperlichkeit stehen sich wie Gut und Böse gegenüber. Zum anderen ist Gott bzw. Jesus durch eine Jungfrau geboren worden, was den geschlechtlichen Akt ausschließt. Im Allgemeinen sah man die Frauen als diejenigen an, welche die Männer in Versuchung brächten und so die Verunreinigung bzw. Befleckung herbeiriefen. Keuschheit, Abstinenz, Ehelosigkeit, Enthaltsamkeit und Jungfräulichkeit galten demnach als Ideal.[147]

Es soll an dieser Stelle aber darauf hingewiesen werden, dass keusch leben nicht bedeutet keinen Sex zu haben. Keuschheit beinhaltet, dass Sex nur zum Zwecke der Fortpflanzung innerhalb einer Ehe vollzogen wird. Die Frage nach der Keuschheit der Seele oder Keuschheit des Körpers beschäftigte die Autoren insbesondere im Hinblick auf eine Vergewaltigung. War

---

[146] Vgl. Ebd. S. 44 f.
[147] Vgl. Ebd. S. 66 ff.

eine vergewaltigte Frau immer noch keusch? In den meisten Texten ist eine Keuschheit der Frau nach der Vergewaltigung nicht nachzuweisen. Die Tatsache, dass eine Frau die Vergewaltigung zugelassen hat, lässt sie nicht mehr als keusch gelten. Ein Exemplum aus dem Mittelalter über die Geschichte einer Frau, die ihren Peiniger anzeigt und vor Gericht eine Geldsumme zur Kompensation ihrer verlorenen Jungfräulichkeit zugesprochen bekommt, spiegelt diese Auffassung wider. Nachdem die Frau mit ihrem Geld gegangen ist, fordert der Richter den Vergewaltiger auf, ihr hinterher zu laufen und sich das Geld wiederzubeschaffen. Dies gelingt ihm jedoch nicht und so lässt der Richter die Frau zu sich kommen und nimmt ihr das Geld wieder ab und sagt, dass wenn sie ihre Jungfräulichkeit genauso gut wie das Geld beschützt hätte, dann wäre sie ihr auch nicht geraubt worden. Hinzu kommt, dass die *Zwei-Samen-Theorie* – eine Theorie die davon ausgeht, dass auch die Frau ejakulieren muss, um eine Schwangerschaft hervorzurufen – die Schlussfolgerung zulässt, dass eine vergewaltigte Frau, die daraufhin schwanger wird, Lust bei der Vergewaltigung empfunden haben muss. Ein weiterer Punkt, der es zulässt, dass sie nicht mehr als keusch zu gelten hat. Einzig die Mediziner waren der Meinung, dass die Frau oder auch der Mann bei nächtlichem Erguss kein Hinzutun des Geistes benötigen. Es sei etwas rein Körperliches, was ebenfalls auf den Säftehaushalt zurückzuführen sei. Die Theologen sahen dies natürlich anders.[148]

3.2.1. Sexualität innerhalb der Ehe

Innerhalb einer Ehe war Sex vor der Gesellschaft gerechtfertigt, wenn es den Zweck hatte, ein Kind zu zeugen. Doch nicht jeder mediävale Mensch hat geheiratet, was mehrere Gründe hatte. Dies waren natürlich diejenigen, welche ihr Leben in Kirchen und Klöstern verbrachten, sprich Nonnen und Mönche etc. Andere konnten die Mitgift oder die Kosten für den Haushalt nicht aufbringen, welche eine Eheschließung mit sich brachte, und wieder andere waren von ihren Eltern nicht dazu vorgesehen, weil sie möglicherweise nur eines ihrer Kinder verheiraten wollten. Auch die eigenen Vorstellungen und Neigungen spielten eine Rolle: Entweder sie haben keinen geeigneten Partner gefunden, waren homosexuell oder hatten andere Gründe keine Ehe einzugehen. Obwohl die Kirche und die Gesellschaft Sex nur innerhalb der Ehe als gerechtfertigt ansahen, gab es dennoch unverheiratete Menschen, die sexuell aktiv waren, was im anschließenden Kapitel näher betrachtet werden soll. Des Weiteren existierten sexuelle Beziehungen neben der Ehe, die längerfristig sein konnten, welche von den Forschern als

---

[148] Vgl. Ebd. S. 108 f.

„Formen der Ehe" bezeichnet werden.[149]

Wo zunächst Ehen geschlossen worden, um Familien zu verbinden und zu vergrößern, verbreitete die Kirche bald die Ehe als Sakrament als eine spirituelle Beziehung. Von nun an war es von großer Bedeutung, ob Kinder innerhalb einer Ehe geboren wurden oder unehelich waren. Uneheliche Kinder konnten nicht erben und die Ehefrau stieg in ihrem Ansehen auf, da sie als tugendhaft und als die Gebärende galt. Die Konkubinen, die ein Mann hatte, verloren hingegen ihre gewohnheitsrechtlichen Privilegien.[150]

Die Gesellschaft und vor allem die Kirche beschränkten den Kreis der Menschen, mit denen man verkehren durfte z.B. durch Reglementierungen der Inzeste. Der sexuelle Akt war unter anderem von der Annahme geprägt, dass sowohl der männliche als auch der weibliche Samen benötigt wird, um ein Kind zu zeugen[151]. Dies kam natürlich der Frau zugute, da nun auch ihr Lustgefühl im Mittelpunkt stand. In einigen Handbüchern wird sogar zu einem Vorspiel geraten, um so die Frau zur Ausschüttung des weiblichen Samens zu führen. Die meisten Autoren dieser Ratgeber sind sich einig, dass die männliche Ejakulation eine Voraussetzung für die weibliche ist. Zärtlichkeiten und Berührungen leisteten demnach keinen Beitrag zum Lustgefühl der Frau, dies taten nur die Penetration und der Samen des Mannes. In literarischen Texten wird Frauen zudem die Fixierung auf das männliche Glied nachgesagt; so habe sich eine Frau von ihrem Mann trennen wollen, der ihr offenbart, dass er seinen Penis verloren habe. Eine andere Geschichte erzählt, dass sich eine Frau wünsche, dass ihr Mann über und über mit Penissen bedeckt sei. Da diese Texte aber von Männern geschrieben wurden, sagen sie wenig über die tatsächlichen Gelüste der mittelalterlichen Frau aus und beinhalten zweifelsohne auch Wunschdenken der Männer.[152]

Über Sexualpraktiken kann wenig gesagt werden, da nur sporadisch Zeugnisse vorliegen und wenn doch welche vorliegen, können sie nicht verallgemeinert werden. Sie hängen von sozialökonomischen und ethnischen Einflüssen ab, wie es das Sexualverhalten auch heute noch tut. Hinzu kommen natürlich auch weitere Einflüsse wie Persönlichkeit u. ä. Es gibt daher keine allgemeingültigen Aussagen über Sexualpraktiken im Mittelalter. Karras nennt daher lediglich einige Punkte, die man zu den äußeren Umständen sagen kann. Gewohnheitsgemäß teilten sich Ehepartner ein Bett; in bäuerlichen Familien konnten auch noch Kinder dazukommen. In

---

[149] Vgl. Ebd. S. 124 ff.
[150] Vgl. Ebd. S. 128.
[151] Dies ist die bereits oben erwähnte Zwei-Samen-Theorie.
[152] Vgl. Ebd. 163 ff.

Adelsfamilien war es üblich, dass Bedienstete mit im Zimmer des Herrn oder der Herrin schliefen. Im Hochadel ruhte man in getrennten Räumen. Die Dienerschaft konnte so Zeuge davon werden, wer sie sich das Bett mit dem Herrn/der Herrin teilten und das musste nicht immer der Ehepartner sein. Einen Hauch von Privatsphäre bot ein Bettvorhang, der Blicke von den Bediensteten abhalten sollte. Trotz Missbilligung der Kirche gingen die Paare wohl nackt zu Bett, wenn man den Bilder Glauben schenkt, auf denen Personen sich im Bett aufhalten. Die Bilder zeigen Paare, die ganz unverbindlich nebeneinander sitzen und dennoch nackt sind. Die Damen behielten in diesen Illustrationen hin und wieder ihre Kopfbedeckung auf, womöglich um ihren Stand anzuzeigen. Diese Veranschaulichungen finden sich sowohl in medizinischen Schriften als auch in Romanen wieder. Wie viel Wahrheitsgehalt darin steckt, kann nicht gesagt werden. Sie sind aber der einzige Hinweis auf einen möglichen „dresscode" im Bett.[153]

Man muss davon ausgehen, dass ärmere Eheleute sich dennoch nicht oder nur selten nackt gesehen haben. Gaslicht und Glühbirnen waren schließlich noch nicht erfunden und Kerzen sehr teuer. Nahe liegt daher, dass sofort nach dem Zubettgehen das Kerzenlicht ausgelöscht wurde. Solange es hell war arbeitete man, sexuelle Aktivitäten wurden daher auf die Abend- und Nachtstunden verlegt, dabei teures Licht zu verschwenden scheint abwegig. Ein häufig gemaltes Bild ist das des Mannes, der mit der falschen Frau im Bett liegt (siehe Abb.2). Dies könnte gegebenenfalls mit der Dunkelheit und einer damit folgenden Verwechslung zusammenhängen. In reicheren Familien, die sich mehr Talg leisten konnte, sah das wahrscheinlich anders aus.[154]

Als Norm galt wie bereits oben erwähnt die obere Stellung des Mannes. Wenn es denn doch einmal dazu kam, dass die Frau die obere Position einnahm, dann wahrscheinlich aus dem Glauben heraus, dass die Frau dann nicht schwanger werden könne. Es ist schließlich davon auszugehen, dass Eheleute ihr Sexualleben nicht aufgeben und dennoch keine Kinder mehr bekommen wollten. Belege für widernatürliche Stellungen finden sich u. a. in dem Bußbuch des Bischofs Burchard von Worms. Ein Mann musste zehn Tage lang fasten, wenn er seine Frau von hinten penetrierte, ebenfalls musste er zehn Tage fasten, wenn sie menstruierte oder sogar schwanger war. [155]

Sex wurde im Mittelalter als etwas verstanden, was der Mann mit der Frau tut. Sie hat den

---

[153] Vgl. Ebd. S. 168 f.
[154] Vgl. Ebd. S. 169.
[155] Vgl. Ebd. S. 172 ff

passiven und er den aktiven Anteil. Hinzu kommt, dass der Mann ein sexuelles Anrecht auf seine Frau hatte. So etwas wie Vergewaltigung in der Ehe existierte im Mittelalter nicht. Und das nicht, weil es nicht stattgefunden hat, sondern weil es als sein Recht angesehen wurde, mit der ihm angetrauten Frau zu schlafen.[156] Insgesamt ist festzuhalten, dass es sehr wenig Quellen gibt, die Aufschluss über das Sexualleben innerhalb der Ehe gibt. Es bleibt daher bei dieser geringen Auswahl an Informationen, die uns einen Einblick verschaffen. Mehr kann hingegen über Sexualität außerhalb der Ehe gesagt werden, da diese schärfer bestraft wurde und daher häufiger in Bußbücher niedergeschrieben oder in anderen literarischen Quellen verarbeitet wurden. Dies liegt vermutlich am Reiz des Verbotenen. Das folgende Kapitel soll sich nun der Sexualität außerhalb der Ehe widmen.

3.2.2. Sexualität außerhalb der Ehe

Zunächst soll die Sexualität der Frauen außerhalb der Ehe im Fokus stehen, da diese als wollüstiger galten und ihr außereheliches Sexualverhalten strenger geahndet wurde. Man ging davon aus, dass Frauen größere Lust beim Sex verspürten als Männer. Als das schwächere Geschlecht könnten Frauen sexuellen Aktivitäten weniger gut widerstehen. Dennoch war die Akzeptanz und Toleranz für ihre außerehelichen sexuellen Kontakte wesentlich geringer als bei Männern. Das heißt, obwohl es eine vermeintlich biologisch fundierte Erklärung für das Verhalten der Frauen gab und sie geringeres Verschulden an sexuellen Fehlverhalten trugen, wurden sie mehr geächtet als das stärkere Geschlecht, das eher in der Lage gewesen sein muss, diesem zu widerstehen.[157]

Die erwähnte Tatsache ist deshalb so wichtig, da sie das Ansehen und die Ehrbarkeit einer mediävalen Frau beeinflusst. Diese hingen im hohen Maße mit dem Sexualverhalten der Frau zusammen. Der Mann hingegen, welcher sein Ansehen auch durch Tapferkeit, militärische Errungenschaften oder Gelehrtheit etc. positiv beeinflussen konnte, wurde weniger durch sein Sexualverhalten beurteilt. Außereheliche Aktivitäten einer Frau beeinträchtigten nicht nur ihre eigene Ehre, sondern auch die ihrer Eltern oder der restlichen Familienmitglieder. Das Fehlverhalten eines Mannes tat dies zwar auch, aber nicht in einem solchen Ausmaß. Eine ehrbare Stellung konnte eine Frau demnach nur als Jungfrau, keusche Witwe oder treue Ehefrau

---

[156] Vgl. Ebd. S. 177 f.
[157] Vgl. Ebd. S. 182.

erhalten.[158]

Zeugnisse über außereheliche Aktivitäten von Frauen bieten u. a. literarische Dokumente über Ehebrüche. Die Bedeutung der Erbfolge für die Literatur ist eine Folge des eingeführten Gesetzes, dass dem Mann die Möglichkeit nahm, seine Frau zu verstoßen, die Ehebruch begangen hatte und wodurch die in jener Ehe gezeugten Kinder nicht eindeutig dem Ehemann als Vater zuzuordnen waren. Dem Ehemann wurde so die Chance auf legitime Kinder mit einer neuen Frau verwehrt. Die Erbfolge wurde zu einem Thema, das die Literatur des 12. Jahrhunderts sich zu Eigen machte und welche uns nun Einblicke in diese Thematik bietet. Diese sogenannte Seelsorgeliteratur sollte den Geistlichen ursprünglich dabei helfen, ihre pastoralen Aufgaben zu bewältigen.[159] Heute dient die Seelsorgeliteratur als Zeugnis: Auffällig bei den beschriebenen Ehebrüchen ist, dass als treibende Kraft der männliche Part gilt und die Frau nur als passiv teilhabende Person gesehen wird – was sie dennoch nicht von ihrer Schuld befreit. Es ist der Mann, mit dem eine verheiratete Frau schläft, welcher Rechtsbruch gegenüber dem Ehemann begeht. Es war demnach nicht die Frau als aktiv Handelnde im Strafbestand des Ehebruchs. Ihr wurde dagegen stets unterstellt, dass sie nur in die Öffentlichkeit ginge, um Ausschau nach Liebhabern zu halten und sich zu zeigen. Auch hier ist augenscheinlich, dass der Frau Wollust nachgesagt wird. Hin und wieder kam es daher dazu, dass einer Frau verboten wurde, vor die Tür zu gehen und sich der Öffentlichkeit zu zeigen. Die Angst, dass Frauen Ehebruch begehen könnten, spiegelt das allgemeine Misstrauen gegenüber weiblicher Personen wider. Folge dieser Angst sind die Luxusgesetze, die regeln sollten, wie sich eine Frau aus einer bestimmten Schicht zu kleiden hat. Prostituierte wurden in diesem Zusammenhang in bestimmten Regionen gezwungen, kennzeichnende Kleidungsstücke zu tragen. Die Luxusgesetzte waren ein Mittel der Männer, zwischen anständigen und ungezügelten Frauen zu unterscheiden.[160]

Aus Gerichtsakten des Späten Mittelalters geht hervor, dass die „einfache Unzucht" – das heißt der sexuelle Kontakt zwischen einer unverheirateten Frau und einem unverheirateten Mann – nicht als Schande galt und durchaus Gang und Gäbe war, dennoch wurde es nicht völlig toleriert. Natürlich konnte es bei unehelichem Verkehr auch zu Schwangerschaften kommen, da die Verhütungsmittel nicht annähernd so sicher wie die heutigen waren. Kirchenmatrikeln aus dem frühneuzeitlichen England belegen zudem, dass bei 10-30 % der Eheschließungen die

---

[158] Vgl. Ebd. S. 183 f.
[159] Vgl. Ebd. S. 186.
[160] Vgl. Ebd. S. 186 ff.

Braut bereits schwanger gewesen sei. Dies deutet auf eine Verhaltensweise von Paaren hin, zu heiraten, wenn eine Schwangerschaft dies erzwungen hat und sie so der Schande eines unehelichen Kindes entgingen.[161] Höchstwahrscheinlich verfolgte die Obrigkeit Unzucht nur mit dem Ziel, die ehelosen Paare wegen ihres sexuellen Treibens zu verheiraten. Vorehelicher Sex wurde nämlich als Vorstufe zur Ehe betrachtet, was unter anderem aus der in England angedrohten Strafe der Zwangsverheiratung hervorgeht, wenn der Unzucht nicht abgeschworen wurde. Nach kanonischem Recht verhielt es sich sogar so, dass sobald sie noch ein weiteres Mal miteinander geschlafen hätten, ihre Ehe bereits vollzogen worden wäre. Die Kirche wollte den unzüchtigen Personen so ein Eheversprechen entlocken.[162]

Doch Sex zwischen unverheirateten Personen musste nicht immer die Vorstufe zur Ehe bedeuten. Eine Konkubine – etwa Freundin, Geliebte, die Frau, mit der man schlief – konnte sexuelle Beziehungen mit Männern unterhalten, ohne dabei den Hafen der Ehe anzusteuern, wobei dies nicht ausgeschlossen war. In späteren Zeiten sind Konkubinen unter dem geläufigeren Begriff der *Mätressen* bekannt; sie spiegeln die Unverbindlichkeit des Verkehrs wider. Einer Eheschließung stand hierbei unter anderem der unterschiedliche Stand der Beteiligten im Weg oder auch eine vorweg geschlossene Ehe. Im Mittelalter gab es eine Scheidung im uns bekannten Sinne nicht, eine Ehe konnte nur annulliert werden, wenn sie von Anfang an als ungültig unter Beweis gestellt wurde. Man zog es daher häufig vor, von der Ehefrau oder dem Ehemann getrennt zu leben. Eine erneute Heirat war schließlich nicht möglich. Eine andere Art von Konkubinen waren diejenigen Frauen, die mit Geistlichen schliefen oder auch längere Beziehungen mit ihnen pflegten[163]. Im Allgemeinen galten jene Damen als raffgierig und lüstern; häufig wurden sie auch mit Huren gleichgestellt. Es verwundert daher auch nicht, dass den Frauen die größere Schuld bei einer solchen Konstellation aufgebrüstet wurde, obwohl es der Geistliche war, der ein Gelübde abgelegt hatte.[164] Eine enorme Anzahl der außerehelichen Aktivitäten von Frauen wird von den Prostituierten vollzogen. Da auch viele andere Frauen als *Hure* oder *meretrix* in den Dokumenten bezeichnet werden, ist es manchmal schwer auszumachen, ob es sich in der beschriebenen Situation wirklich um eine Prostituierte handelte. Auch die Fachleute für kanonisches Recht waren sich uneinig, was eine Prostituierte ausmachte. Kriterium war vor

---

[161] Vgl. Ebd. S. 200 f.
[162] Vgl. Ebd. S. 202 f.
[163] Als eine Konkubinen kann auch die oben genannte Héloise bezeichnet werden, denn auch Abälard war ein Geistlicher, der mit ihr eine Beziehung und schließlich sogar Heirat einging.
[164] Vgl. Ebd. S. 207 ff.

allem der häufig wechselnde Geschlechtspartner und nicht die Annahme von Geld gegen Sex. Die Anzahl der Männer, die die Frau zu Prostituierten machte, schwankten zwischen vierzig und dreiundzwanzigtausend. In einem Handbuch für Prediger *Fasciculus Morum* – „Kleine Abhandlung über die Sitten" (14. Jahrhundert) stellt Karras Folgendes fest: „Wenn eine Frau nicht Ehefrau, Jungfrau, Witwe oder Konkubinen war, dann war sie Prostituierte. Eine weitere Kategorie gab es nicht."[165] Dies belegt, warum in zahlreichen Dokumenten schwer zu definieren ist, ob es sich gerade wirklich um eine Prostituierte handelte oder, ob sie nur eine unverheiratete Frau mit Sexualleben war.[166][167]

Im Folgenden soll der Mann und sein sexuelles Verhalten außerhalb der Ehe beschrieben werden. Im Teil zum Sexualleben der Frau haben wir gleichzeitig vieles über das Verhalten des Mannes erfahren, weshalb sich dieser Abschnitt knapper halten wird. Wie bereits erwähnt, waren geschlechtliche Beziehungen außerhalb einer Ehe für einen Mann zwar von der Kirche her verboten, dennoch wurde ein Verstoß gegen diese Regel um weitaus weniger schändlich betrachtet als bei einer Frau. Der sexuelle Kontakt mit einer Nonne konnte als Verstoß gegen die göttliche Ordnung angesehen werden. Zumeist wurden Männer aber nur wegen sexuellen Vergehens angezeigt, wenn dieses gegen das Recht eines anderen Mannes verstießen – sprich, wenn er z.B. dessen Ehefrau verführte oder mit dessen Tochter schlief. Sex mit einer Prostituierten oder einer unverheirateten Frau, die keine Jungfrau mehr war,[168] wurde um einiges weniger geächtet als für die weibliche Person. Man kann beinahe davon ausgehen, dass es von Männern erwartet wurde, dass sie ihren sexuellen Trieben nachgingen. Daher wurden auch Bordelle als Ventil für die männliche Lust geduldet. Der Besuch eines städtischen Bordells wurde so bald zur abendlichen Unterhaltung für Männer(gruppen), welche folglich keine Gefahr mehr für Ehefrauen und Töchter angesehener Herren darstellten. Hier wird deutlich, dass Männer die aktive Rolle beim Verkehr einnahmen, wenngleich Frauen als die Wollüstigen angesehen wurden, aber dass die Durchführung des Geschlechtsaktes blieb Aufgabe des Mannes.[169]

---

[165] Ebd. S. 218.
[166] Vgl. Ebd. S. 217 f.
[167] Um den Rahmen dieser Hausarbeit nicht zu sprengen, können weitere Details zur Prostitution im Mittelalter nicht gegeben werden. Eine ausführliche Abhandlung zum Thema Prostitution wurde 1989 von Jacques Rossiaud veröffentlicht: Jacques Rossiaud (1989): Dame Venus. Prostitution im Mittelalter. München: Beck.
[168] Wie wir weiter oben bereits erfahren konnten, galten meist solche Frauen bereits als Prostituierte.
[169] Vgl. Karras 2006. S. 252 ff.

Der außerehelich sexuelle Kontakt eines Mannes war etwas Gebräuchliches und Alltägliches, was unter anderen auch durch die Beinamen, die zu jener Zeit anstelle der heutigen Nachnamen stehen, in den englischen Subsidienlisten aus dem 13./14. Jahrhundert deutlich wird. In diesen offiziellen Listen finden sich viele Namen mit einem sexuellen Bezug: Daubedame (Verführ-die-Frau), Coyldoer (Goldene Hoden) oder auch Silvirpintil (Silberpenis). Diese Namensgebung zeigt, wie offen die Gesellschaft mit Sexualität umging und, inwieweit die heterosexuellen Männer für ihre sexuellen Aktivitäten gewürdigt wurden.[170]

Ein Grund für die häufige Aufnahme von sexuellen Verhältnissen von unverheirateten und in einer Ehe lebenden Männern ist, dass die Menschen ihre Unzucht weniger ächteten als die der Frauen. Bei diesen Beziehungen ist eine asymmetrische Konstellation zwischen Mann und Frau aufgrund von sozialen Schichten und Machtverhältnissen nicht ungewöhnlich. Auch viele bekannte Adlige hatten mehrere Konkubinen, aus deren Verhältnis nicht selten Kinder entstanden. So etwa König Heinrich I., der mit seinen sechs Konkubinen mehr als zwanzig bekannte Kinder hatte. Es ist davon auszugehen, dass solche sexuellen Beziehungen zwischen Herr und Bediensteten nicht immer mit Einverständnis der Dame gepflegt wurden. Vergewaltigung war im Mittelalter allerdings ein wenig bis gar nicht geahndeter Tatbestand.[171] Das Einverständnis der Frau beim Sex spielte keine Rolle, was in folgender Passage aus einer französischen Pastorelle aus dem Mittelalter deutlich wird:

> Als ich sah, dass sie weder durch mein Bitten, noch durch meine Versprechungen, noch durch Schmuck oder was ich mir auch ausdachte, Gefallen an mir finden mochte, warf ich sie einfach ins Gras. Sie konnte sich anfangs gar nicht vorstellen, dass sie so großes Vergnügen dabei empfinden würde, und seufzte, schlug mit Fäusten, raufte sich die Haare und versuchte zu entwischen. […] Als sie mich wieder verließ, sagte sie zu mir: ‚Sire, kommt doch bitte oft dieses Weges.‘[172]

Eine regelrechte Verharmlosung von Vergewaltigung ist hier zu verzeichnen und die Annahme, dass Frauen Spaß an einer Vergewaltigung fänden, spiegelt sich im letzten Satz des Zitats wider. Eine statistische Untersuchung zur gerichtlichen Verfolgung von Vergewaltigung in Venedig belegt, dass diese Schandtat zum alltäglichen Leben des Mittelalters zählt. Eine Vergewaltigung eines Kindes wurde am härtesten bestraft, eine Witwe zu vergewaltigen war nicht so

---

[170] Vgl. Ebd. S. 260 f.
[171] Vgl. Ebd. S. 262 ff.
[172] Zit. nach: Ebd. S. 265.

schwerwiegend wie der Missbrauch einer verheirateten Frau. Eine unverheiratete Frau zu vergewaltigen unterstand nur einer sehr leichten Strafe, da dies mehr als Werbung um diese Frau und als Schritt zur Ehe angesehen wurde. War diese Frau hinzu gesellschaftlich dem Mann unterzuordnen, wurde dies gerichtlich nicht verfolgt.[173] Zusammenfassend kann also gesagt werden, dass eine stark vorherrschende Frauenfeindlichkeit im Mittelalter auszumachen ist. Dies ist zum einen durch die Tatsache belegt, dass die Frau als die Wollüstige und Raffgierige dargestellt wird sowie, dass trotz der biologischen Erklärung, die Frau stärker verurteilt wird als der Mann, der das gleiche tut. Männer hatten also wenig zu befürchten, sexuell aktiv zu sein. Hinzu kam, dass das Einverständnis der Frau nicht von Belangen war. Auch dass der Sex mit einer Frau als ein Rechtsbruch an ihrem Ehemann gehandelt wird, ist ein Beispiel für die Vorrangstellung des Mannes.

Ein weiteres Beispiel von außerehelichen Sexualleben findet sich in homoerotischen Beziehungen. Homosexuelle Ehen waren undenkbar im Mittelalter, dennoch sind gleichgeschlechtliche Beziehungen auch ein Phänomen, das sich in jener Zeit nachweisen lässt. Das folgende Kapitel soll sich der Homosexualität im Mittelalter widmen.

3.2.3. Homosexualität

Nachdem ein umfassender Einblick in die Sexualität der heterosexuellen Beziehungen geworfen wurde, sollen nun gleichgeschlechtliche Beziehung knapp beleuchtet werden. Bernd-Ulrich Hergemöller hat zu Recht am Beginn seiner Abhandlung zum Alltagsleben und Verfolgung Homosexueller im Mittelalter nach der Begrifflichkeit gefragt. Im Mittelalter gab es den Begriff „Homosexualität" an sich noch nicht, für gleichgeschlechtliche Aktivitäten wurden Bezeichnungen wie „Vitium sodomiticum" (dt. sodomitische Sünde) – eine Bezeichnung, die sich aber auch auf Selbstbefriedigung und Mensch-Tier-Verkehr bezieht, „Vitium contra naturam" (dt. Sünde wider die Natur) einen Ausdruck, der - wie oben erwähnt - ebenfalls nicht nur für homosexuelle Sexualität steht. Homosexualität wurde auch schlicht als „Ketzerei" bezeichnet oder als

„Peccatum mutum" (dt. stumme Sünde), eine Sünde über die keine Details verbreitet werden sollen und welche als die schlimmste aller Vergehen galt. Es wird deutlich, welch abneigende Haltung die Kirche und die Gesellschaft für homosexuelle Liebe zeigte. Dennoch ist eine

---

[173] Vgl. Ebd. S. 266.

Gruppe von Homosexuellen nicht exakt auszumachen; eine Gruppe, die sich als homosexuell versteht, weshalb sich folgende Ausführung schlicht auf Sexualität zwischen zwei Menschen des gleichen Geschlechts bezieht und weniger auf eine homosexuelle Identität eingeht.[174] Festzuhalten ist an dieser Stelle noch, dass die Bezeichnungen – wie wir gesehen haben – alle mit einer Sünde zusammenhängen. Homosexualität wurde folglich als Verstoß gegen Gottes Gebot angesehen. Die Tatsache, dass hier Lust ohne Zeugungsmöglichkeit nachgegangen wird, spielt dabei sicher auch eine Rolle.

Erzählende Quellen aus Island berichten über die Verurteilung und Beleidigungen von Männern, die sich wie eine Frau benutzen ließen: Solche, die den passiven Part bei sexuellen Aktivitäten übernommen haben. Dieses *weibische Verhalten* war der geächtetere Aspekt an gleichgeschlechtlichem Sex zwischen Männern. Die Vorliebe von männlichen Sexualpartnern wurde als weniger gravierend wahrgenommen. Ein Mann, der sich wie eine Frau verhielt, wurde dabei als *argr* bezeichnet, was so viel wie *Memme* bedeutet. Eine solche Bezeichnung war zu jener Zeit der schlimmste Vorwurf, der einem Mann gemacht werden konnte. In den Quellen werden Äußerungen wie folgende gemacht: „Wenn du, wie man sagt, das Liebchen des Troll zu Svinafell bist, dann benutzt er dich jede neunte Nacht, wie man eine Frau benutzt."[175] Erhielt jemand eine solche Beleidigung musste dies mit Gewalt gerächt werden. Wenn der Beleidigte dies nicht tat, dann bewahrheitete sich der Vorwurf. Weil dies den Frieden störte, waren solche Vergleiche und Beleidigungen verboten. Es galt hingegen nicht als Beleidigung, wenn der Mann bei dem gleichgeschlechtlichen Verkehr die aktive Rolle einnahm.[176]

Die englischen Lollarden tadelten seit dem 15. Jahrhundert dem Klerus, homosexuelle Aktivitäten innerhalb ihrer Gruppe zu verüben. Sie übten so Kritik am Zölibat aus. Auch die byzantinische Kirche hatte Probleme mit gleichgeschlechtlichen Beziehungen in den Klöstern, welcher mit dem Ritus *adelphopoiia* zusammenhängen mag. Dieser Ritus wurde ursprüngliche als eine Art Verbrüderung unter den Mönchen angesehen, der aber auch in eheähnlichen Beziehungen münden kann und dies inklusive Geschlechtsverkehr.[177]

Die Kirche tolerierte dieses Verhalten jedoch nicht und ordnete im 12. Jahrhundert an, dass

---

[174] Vgl. Bernd-Ulrich Hergemöller (1998): Sodom und Gomorrha. Zur Alltagswirklichkeit und Verfolgung Homosexueller im Mittelalter. 1. Aufl. Hamburg: MännerschwarmSkript. S. 13 ff.
[175] Zit. nach. Karras 2003. S. 275.
[176] Vgl. Ebd. S. 271 ff.
[177] Vgl. Ebd. S. 282 ff.

Geistliche, die Sodomie betrieben, also homoerotische Beziehungen pflegten, aus dem geistlichen Stand zu stoßen. Laien wurden für gleiches Vergehen exkommuniziert. In Frankreich wurde im 13. Jahrhundert sogar die Todesstrafe für Homosexualität angedroht. Homosexualität war eine Sünde bzw. ein Vergehen wofür jeder bestraft werden musste. Anders als heute vertrat man im Mittelalter die Auffassung, dass ein jeder die schlimmste aller Sünden begehen könnte. Wohingegen wir heute davon ausgehen, dass Homosexualität mit Neigungen zusammenhängt und nicht für jeden eine attraktive sexuelle Praktik darstellt.[178]

Natürlich konnten nicht nur Männer gleichgeschlechtlichen Verkehr haben. Es existierte auch die Liebe zwischen Frauen. Viele Liebesgedichte die von einer Frau an eine Frau geschrieben wurden dienen als Zeugnis; hin und wieder finden sich auch Aufzeichnungen zum Sexualverkehr zwischen Frauen, welche aber hauptsächlich den männlichen Leser als Adressaten vorgesehen haben und sollten weniger authentisch sein. Gerichtliche Akten über Sodomie zwischen Frauen liegen so gut wie gar nicht vor. Gerade zwölf Fälle lassen sich für das gesamte Mittelalter ausmachen. Dies liegt zum einen daran, dass die Auffassung von Geschlechtsverkehr immer mit der Penetration zusammenhing und die Vorstellung von Sex ohne Phallus nicht möglich erschien. Geahndet wurde Verkehr zwischen Frauen, wenn Frauen dies mit der Einführung von Gegenständen taten und eine der Frauen den aktiven Part einnahm. Ebenso trägt auch hier der Aspekt der nicht vorhandenen Zeugungsmöglichkeit zur Schwere der Sünde bei.[179]

4. Resümee

Sexualität im Mittelalter bleibt ambivalent. Der ständige Gedanke an Sünde und die Augen der Gesellschaft mussten das Verhalten der Menschen gezwungenermaßen beeinflussen. Ein so offenes Verhältnis zum Sexualleben, wie wir es heuten kennen, ist im Mittelalter nicht nachzuweisen – was es heute wohl auch nicht wäre, wenn wir für das, was wir tun, Strafe angedroht bekämen.

In dieser Hausarbeit hat sich gezeigt, welche Quellen Aufschluss über das Intimste der Menschen geben können und inwieweit diese Informationen auf die Wirklichkeit im Mittelalter übertragen werden konnten. Wie der Akt an sich ausgesehen hat, verdeutlicht die Auffassung

---

[178] Vgl. Ebd. S. 284 ff.
[179] Vgl. Ebd. S. 227 ff.

von Sexualität und Religion, Schwangerschaft, Verhütung und Lust. Der mediävale Mensch war alles andere als ein enthaltsamer Mensch, was natürlich nicht ausgeschlossen werden soll. Es gab sicher eine Großzahl an tatsächlich enthaltsamen Menschen. Obwohl die Sexualdoktrin der Kirche die Menschen versuchte zu kontrollieren, gelang es vielen kaum die sexuellen Triebe zu unterdrücken. Für Männer erschien dies auch nicht als Problem, da ihre Unzucht um einiges schwächer geahndet wurde, als wenn Frauen außerehelich und "außerplanmäßig" im Allgemeinen sexuell aktiv wurden. Innerhalb der Ehe galt Sex immer noch als Sünde, wenn es nicht eine Zeugung beabsichtigte. Die ständig anwesende Frauenfeindlichkeit war zwar zu erwarten, ihr Ausmaß ist dennoch erschreckend.

Themengebiete wie Sexualität unter Geistlichen, Sodomie aller Arten und Prostitution können noch viel mehr bieten als es in dieser Hausarbeit diskutiert werden konnte. Weiterführende Literatur dazu ist im Literaturverzeichnis vorzufinden.

5. Literaturverzeichnis

Sekundärliteratur

- **Bein**, Thomas (2003): Liebe und Erotik im Mittelalter. Graz, Austria: Akademische Druck- u. Verlagsanstalt.
- **Brackert**, Helmut (Hg.) (2008): Minnesang. Mittelhochdeutsche Texte mit Übertragungen und Anmerkungen. Frankfurt, M: Fischer-Taschenbuch-Verl.
- **Hergemöller**, Bernd-Ulrich (1998): Sodom und Gomorrha. Zur Alltagswirklichkeit und Verfolgung Homosexueller im Mittelalter. 1. Aufl. Hamburg: MännerschwarmSkript.
- **Karras**, Ruth Mazo (2006): Sexualität im Mittelalter. Düsseldorf: Artermis & Winkler.
- **Lutterbach**, Hubertus (1999): Sexualität im Mittelalter. Eine Kulturstudie anhand von Bußbüchern des 6. bis 12. Jahrhunderts. Köln ; Wien: Böhlau.
- **Müller**, Johannes (1988): Schwert und Scheide. Der sexuelle und skatologische Wortschatz im Nürnberger Fastnachtspiel des 15. Jahrhunderts. Bern ;, New York: P. Lang.
- **Rossiaud**, Jacques (1989): Dame Venus. Prostitution im Mittelalter. München: Beck.
- **Verdon**, Jean (2011): Irdische Lust. Liebe, Sex und Sinnlichkeit im Mittelalter. 1. Aufl. Darmstadt: Wiss. Buchges.

Bildquellen

- http://molcat1.bl.uk/IllImages/iBase%5Ccomponents/211/21174_2.jpg (25.02.2012).
- http://media.kunst-fuer-alle.de/img/41/m/41_00329982~boccaccio,-decamerone---frz-buchmal-.jpg (25.02.2012).

6. Anhang

Abb.1[180]: Aus der Diätetik von Aldobrandino da Siena, einem französischen Arzt. Entstehung im 13. Jahrhundert.

---

[180] http://molcat1.bl.uk/IllImages/iBase%5Ccomponents/211/21174_2.jpg (25.02.2012).

Abb.2[181]: Links ist eine Frau mit ihrem älteren Ehemann zu sehen, welche gemeinsam mit einem Mönch zu Tisch sind. Auf der rechten Seite ist die Dame mit dem Mönch im Bett zu sehen, darüber der betende Ehemann (Illustration zu einer Boccaccio-Novelle).

---

[181] http://media.kunst-fuer-alle.de/img/41/m/41_00329982~boccaccio,-decamerone---frz-buchmal-.jpg

(25.02.2012)

Homosexualität im Mittelalter.

Die „Stumme Sünde" in Köln, Ende des 15. Jahrhunderts.

Greta Gamba

1. Einleitung

Verfolgung, der Ausschluss und die Diskriminierung von Menschen, ist wahrscheinlichso alt ist wie die Menschheit selbst. Keine Epoche ist davon verschont geblieben.geschichtlich sind Diskriminierungen zwischen ethnischen Gruppen, Männern und Frauen, differierender Religionen und von Menschen mit unterschiedlichen sexuellen Neigungen gezeichnet. Nicht angepasstes Verhalten wurde oft als Sünde bezeichne und öffentlich gemacht. Dies führte nicht nur zu gesetzlichen Ahndungen, sondern auch zumAußenseitertum und materiellen Verlusten. Die Arbeit setzt sich mit der Diskriminierung von Homosexuellen in Mittelalter auseinander. Sie geht der Frage nach welchem Umgang mit Homosexualität im Mittelalter gepflegt wurde und in welchen gesellschaftlichen Schichten sie auftauchte. Der Fokus richtet sich dabei auf homosexuelle Vorfälle, bei Männern in Köln in den Jahren 1448 und 1500.

„Homosexualität ist ein 1868/69 durch K.M. geprägter Neologismus zur Bezeichnung eigenständiger gleichgeschlechtlicher Grundneigungen und Praktiken. Im Mittelalter wurden sexuelle Kontakte zwischen Männern bzw. Frauen (nach Röm, 1,26f.) als heidn. Laster, als sündhaftes Abweichen von gottgewollten und naturgesetzl. Verhaltensnormen angesehen und mit dem Begriff „victium sodomiticum", „peccatum contra naturam", „stumme Sünde", „rote, rufende Sünde" oder Ketzerei vageumschrieben."[182] Genauere Definitionen lassen sich z.B. bei Albertus Magnus finden, der den Terminus „Sodomie" explizit zur Bezeichnung männlicher und weiblicherHomosexualität nutzte. Laut Magnus war „Sodomie" eine widerwärtige Sünde, die die Ordnung der Natur untergrub, eine ansteckende Krankheit war, von der sich nichtbefreit werden konnte.[183] Der Begriff „Sodomie" lässt sich auf die biblische Erzählungder Stadt Sodom zurückführen. Gott schickte zwei Engel in diese Stadt, die bei einem Herr Unterkunft fanden. In der Nacht kamen alle Männer der Stadt Sodom zu dem Haus, in dem die Engel nächtigten, und forderten, dass die Engel herausgeschicktwerden sollten, dass die männlichen Bürger sich an ihnen sexuell befriedigen konnten. Noch in derselben Nacht ließ Gott Feuer und Schwefel auf die Stadt regnen.[184] Auch Thomas von Aquin berief sich auf die Ansichten Magnus´. Für Aquin gehörte das „victium sodomiticum" zu den vier widernatürlichen Sünden der Unzucht (Selbstbefriedigung, Bestialität, Anal- oder Oralverkehr).[185] Mit ihm „erfolgte nun

---

[182] Bernd-Ulrich Hergemöller, Art. „Homosexualität, I. Westlicher Bereich", in: LexMA 5, Stuttgart 1999,Sp. 113–114. (abgerufen am 3. Juni 2021).
[183] Vgl. Brigitte Spreitzer, Die stumme Sünde. Homosexualität im Mittelalter, Göppingen 1988, S.38f.
[184] Vgl. Sodom und Gomorra werden zerstört, in: Neues Leben. Die Bibel, 1. Mo 19,1–29, hrsg. v. SCM R. Brockhaus, 2019, S. 33–34.
[185] Vgl. Art. „Homosexualität, I. Westlicher Bereich", in: LexMA 5, Sp. 113–114.

die Synthese hochmittelalterlicher Moraltheologie, die auch im weiteren die römisch-katholischen Philosophie wesentlich dominiert."[186] Auch heute noch wird Homosexualität von vielen nicht toleriert. Papst Franziskus „sprach sich in einem Interview kürzlich für rechtlichen Schutz gleichgeschlechtlicher Paare aus,"[187] aber „die Segnung gleichgeschlechtlicher Paare lehnt die katholische Kirche weiter ab."[188] Dies ist kein Vorwurf gegen die katholische Kirche sein. Es ist mir wichtig zu verdeutlichen, dass das Handeln aus dem Mittelalter bis in die Gegenwart zu spüren ist.

In vielen kommunalen Archivbeständen des späten Mittelalters lassen sich Hinweise auf „Sodomiter" und deren Verfolgung finden, u.a. in Augsburg, Köln, Paris, Florenz, Rom, Venedig.[189] Bei Betrachtung der Quellen konnten Forscher kein einheitliches Vorgehen feststellen.[190] Im spätmittelalterlichen Venedig und Florenz wurden zu Formen der Sonder- und Geheimgerichtsbarkeit übergegangen, die in ein engmaschiges System verschiedener Kontroll- und Gesetzmaßnahmen eingegliedert wurden.[191] In Venedig war die Kontrollinstanz das „collegium contra sodomitas", eine geheime Sonderkommission aus vier Männern,[192] mit dem Ziel Homosexualität in Venedig komplett auszurotten.[193] Der Rat konnte frei über ihr Vorgehen und mögliche Urteile entscheiden.[194] Maßnahmen des Collegiums waren Ausschreibungen von Belohnungsgeldern.[195] Das Collegium verfolgte zum einem angezeigten Delikt, leitete auch präventive Maßnahmen,[196] z.B. die Kontrolle „übler Stätten",[197] ein.[198] Dem gegenüber stellt diese Arbeit den Umgang mit sodomitischen Vorfällen in Köln. Für die mittelalterliche Alltagsgesichte ist die Betrachtung Homosexualität insofern interessant, da sie anders als erwartet in jeder Gesellschaftsform auftauchte und so für viele Teil des Alltags wurde. Die Arbeit geht im Folgenden genauer darauf ein. Außerdem wird beleuchtet, welche Auskunft die betrachteten Quellen über den alltäglichen Sprachgebrauch geben und wie mit Homosexuellen

---

[186] Vgl. Spreitzer, Die stumme Sünde, S.39.
[187] Elisabeth Pongratz, Vatikan lehnt Segnung ausdrücklich ab, in: Tagesschau Online (März 2021). URL: https://www.tagesschau.de/ausland/europa/vatikan-segnung-homosexuelle-101.html (10. Juni 2021).
[188] Ebd.
[189] Vgl. Art. „Homosexualität, I. Westlicher Bereich", in: LexMA 5, Sp. 113–114.
[190] Vgl. Ebd.
[191] Vgl. Bernd-Ulrich Hergemöller, Sodomiter – Erscheinungsformen und Kausalfaktoren des spätmittelalterlichen Kampfes gegen Homosexuelle, in: Bernd-Ulrich Hergemöller (Hrsg.), Randgruppen der spätmittelalterlichen Gesellschaft, ²Fahlbusch 1994, S. 377.
[192] Vgl. Patricia H. Labalme, Sodomy and Venetian Justice in the Resaissance, in: Tijdschrift voor rechtsgeschiedenis 52 (1984), S. 224.
[193] Vgl. Hergemöller, Sodomiter – Erscheinungsformen und Kausalfaktoren, S. 379.
[194] Vgl. Labalme, Sodomy and Venetian Justice in the Resaissance, S. 224.
[195] Vgl. Art. „Homosexualität, I. Westlicher Bereich", in: LexMA 5, Sp. 113–114.).
[196] Vgl. Hergemöller, Sodomiter – Erscheinungsformen und Kausalfaktoren, S. 378.
[197] Vgl. Art. „Homosexualität, I. Westlicher Bereich", in: LexMA 5, Sp. 113–114.).
[198] Vgl. Ebd.

im mittelalterlichen Köln umgegangen wurde.

Homosexualität ist damals so wie heute ein aktuelles Thema, deshalb scheint mir eine Auseinandersetzung damit besonders wichtig. Wird die historische Forschung des Mittelalters betrachtet, hat sie sich besonders im deutschen Raum, noch nicht ausreichend mit dem Thema Homosexualität befasst. Diese Ansicht vertritt u.a. der Historiker Bernd-Ulrich Hergemöller, der eine Überblickdarstellung über die Geschichte der Homosexualität im deutschen Raum als kaum vorhanden sieht.[199] Hergemöllers Forschungsschwerpunkt liegt auf dem Gebiet der städtischen Sozialgeschichte unter besonderer Berücksichtigung der Randgruppen. „Schon heute hat er einen Ehrenplatz in der Geschichte der Geschichtsschreibung der Homosexuellen."[200] Auch die Historikerin Brigitte Spreizer teilt Hergemöllers Ansichten und will mit ihrem Werk einen Beitrag zu Enttabuisierung des Themas leisten.[201] Auch die eher geringe Menge an deutschsprachiger Forschungsliteratur unterstreicht die Aussagen beider Autoren.

2. Hauptteil

2.1. Verfolgung der Homosexuellen in Köln

An einem Beispiel aus dem Jahr 1484 wird verdeutlicht, wie sodomitischen Anschuldigen in Köln nachgegangen wurde. Am 21. Juni 1484 stellte der Kölner Rat eine Kommission zur Untersuchung der „unsprechlich[en] stumme[n] sunden"[202] auf. Ausschlaggebend hierfür waren die Gerüchte, die der Pfarrer von Aposteln verbreiten ließ. Er gab bekannt, dass ein bereits verstorbener hochangesehener Herr, sich jahrelang der Homosexualität hingegeben hätte.[203] Mit der Aussage dieses Pfarrers wurde eine Lawine aus Gerüchten und inquisitorischer Verfolgung losgetreten. Statt dieser indirekten Rede hätte der Pfarrer eine Kanzlerpredigt halten können oder sich der Strafbehörde als Augenzeuge melden, aufgrund der Quellenlage kann

---

[199] Vgl. Bernd-Ulrich Hergemöller, Sodom und Gomorrha. Zur Alltagswirklichkeit und Verfolgung Homosexueller im Mittelalter, Hamburg 2000, S.7.
[200] Patrick Bahners, Bernd-Ulrich Hergemöller. Und wie verschwenderisch sein Schreiben. Mann für Mann, Buch für Buch. Ein Pionier der Historiographie der Homosexuellen, in: Frankfurter Allgemeine Zeitung Nr.242, 18. Oktober 2010, S. 32.
[201] Vgl. Spreitzer, Die stumme Sünde, S.3.
[202] Beauftragung der Untersuchungskommission (21. Juni und 12. Juli 1484), in: Sodom und Gomorrha. Zur Alltagswirklichkeit und Verfolgung Homosexueller im Mittelalter, hrsg. v. Bernd-Ulrich Hergemöller, Hamburg 2000, S. 123.
[203] Vgl. Klagen des Pfarrers von St. Aposteln (Anfang Juni 1484)), in: Sodom und Gomorrha. Zur Alltagswirklichkeit und Verfolgung Homosexueller im Mittelalter, hrsg. v. Bernd-Ulrich Hergemöller, Hamburg 2000, S. 124f.

davon ausgegangen werden, dass er dies nicht tat. Hergemöller sieht den Grund dieses Vorgehens darin, dass der Pfarrer den Personennamen des Herrn kannte und Sanktionendurch hochstehende Amtsträger und Ratsfreunde befürchtete, hätte er das Schweigen gebrochen.[204] Das Gerücht musste an das Rathaus gelangt sein. Es nahm dieses Gerücht genau so ernst, wie eine direkte Anklage und rief eine Untersuchungskommission zusammen,[205] die jeglichen sodomitischen Vorkommnissen in Köln nachgehen sollten. Die Männer selbst waren von jeder Strafverfolgung ausgenommen und hatten die Erlaubnis im Falle eines Verdachtes Personen vorzuladen, zu verhören und zu foltern. Die Männer machten es sich zu Aufgabe die Beichtväter zu befragen und jedem Einzelhinweis nachzugehen.[206] Bei einer damaligen Gesamtbevölkerung von ca. 40.000, kann darauf geschlossen werden, dass ca. 20.000 Männer in der Untersuchung erfasst werden sollten.[207] Hierbei wurde die Kommission jedoch nicht wie erhofft von den Beichtvätern unterstützt. Bei Betrachtung weiterer Quellen ist davon auszugehen, dass auch andere geistliche Kenntnisse über sodomitisches Verhalten in Köln hatten.[208] Als Unterstützer hätten sie sich aufgrund des Vierten Laterankonzil von 1215 hervorragend geeignet. Das Laterankonzil verpflichtete jeden Gläubigen mindestens einmal im Jahr die Beichte abzulegen[209], so waren die Pfarrer hervorragend über das private Leben der Bevölkerung informiert. Jedoch sahen die Beichtväter ihre Aufgabe darin „umb gotz willen"[210] alles Sodomitische zu verschweigen, wie aus der Befragung durch die Untersuchungskommission am 21. Juli 1484 hervorging. Die Quellen zeichnen 14 Aussagen der Geistlichen auf. Sie befürchteten, dass sich die stumme Sünde, bei namentlicher Erwähnung, in Köln ausbreiten würde. Außerdem könnten „andere Jungen gesellen"[211] so verlockt werden auch Teil der sodomitischen Gesellschaft zu werden. Ein Beichtvater der Karmeliten behauptete, dass es die sodomitische Sünde in Köln sowieso nicht geben würde[212] und sollte es doch Vorkommnisse geben waren diese nicht von Kölnern sonders von

---

[204] Vgl. Hergemöller, Sodom und Gomorrha, S.99.
[205] Vgl. Beauftragung der Untersuchungskommission, in: Sodom und Gomorrha, Hergemöller, S. 124.
[206] Ebd.
[207] Vgl. Hergemöller, Sodom und Gomorrha, S. 100.
[208] Vgl. Fall Johann Greeffroide (nach 12. Juli 1484, rückbezogen auf 1481/82) [4], in: Sodom undGomorrha. Zur Alltagswirklichkeit und Verfolgung Homosexueller im Mittelalter, hrsg. v. Bernd-Ulrich Hergemöller, Hamburg 2000, S. 134.
[209] Vgl. 21. Notwendigkeit der Beichte, Schweigepflicht des Priesters und Empfang der Kommunionwenigstens an Ostern, in: Conciliorum oecuenicorum decreta. Konzil des Mittelalters. Vom ersten Laterankonzil (1123) bis zum fünften Laterankonzil (1512–1517), hrsg. und übers. v. Josef Wohlmuth/Gabriel Sunnus (=Bd. 2), Paderborn/München/Wien/Zürich 2000, S. 245.
[210] Ratschlag der Theologieprofessoren (nach 21. Juni 1484), in: Sodom und Gomorrha, Hergemöller, S. 125.
[211] Ratschlag der Theologieprofessoren, in: Sodom und Gomorrha, Hergemöller, S. 125.
[212] Vgl. Vierzehn Aussagen von dreizehn Beichtvätern [4] (nach 21. Juli 1484), in: Sodom und Gomorrha, Hergemöller, S. 127.

Ortsfremden begangen worden, dabei waren sich die Geistlichen einig.[213] Die Zuschreibung auf Ortsfremde macht insofern Sinn, dass Kölnals Handelszentrum galt.[214] Das nur Ortsfremde Homosexuelle waren kann heute nicht mehr als Tatsache hingenommen werden. Es ist wahrscheinlicher, dass die Beichtväter die „stumme Sünde" auf das Fremde abschieben wollten und versuchten die Sünde den armen[215] und den „ wilden luden "[216] zuzusprechen. Sie sollte nur nicht in ihren eigenen Kreisen auftauchen. Jedoch lassen sich auch hier Unstimmigkeiten in den eigenenReihen finden. Der Apostelpfarrer und der Martinspfarrer, sprachen die stumme Sünde auch „thornmestere"[217] (Turmmeister, führt Vernehmung einer Straftat verdächtigten Person durch) zu. In Köln standen sich zusammenfassend zwei Lager gegenüber. Der Rat, der mit Hilfe einer Untersuchungskommission gegen Homosexualität vorgehen wollte und die Geistlichen, die Ermittlungen als Verschlimmerung der „stummen Sünde" erachteten. Durch die Betrachtung der folgenden Quellen, soll ein Überblick derdamaligen Umstände geschaffen werden und ermöglichen im Anschluss die Fragestellung zu beantworten.

2.2. Drei aufgezeichnete sodomitische Vorkommnisse

2.2.1. Der Fall des Johann Greeffroide

In der Rechtsquelle aus dem Jahr 1484, die sich aber auf das Jahr 1881/82 bezog, wurdeder Fall des Johann Greeffroide in den Kriminalakten behandelt. Der verstorbene Ratsherr und Turmmeister Johann Greeffroide wurde von fünf Zeugen und von anonymer Seite beschuldigt einen jungen Bürger sowie einen jungen Gesellen zu sexuellen Handlungen genötigt zu haben.[218] Die Quellenlage gibt uns keine genauen Angaben darüber, wann die Gerüchte entstanden sind und wie sie an die Untersuchungskommission gelangen konnten. Dies wird u.a. durch offene Formulierungwie, „den selven gescickden heren vurkomen ind gesacht worden"[219] erkennbar, es wird nicht beim Namen genannt, welcher Herr gemeint ist. Auch wurde versucht die Anonymität des Beschuldigten zu bewahren. Hergemöller schrieb, dass der Name Johann Greeffroide van Heumarkt in den Originalen mit dicken Tintenstrichen unkenntlich gemacht wurde und ansonsten durch Abkürzungen wie „N", „Her Johan" oder „G" ersetzt wurden.[220] Mit Hilfe von heutigen paläographischen Methoden, kann mit Sicherheit

---

[213] Vgl. Ebd., S. 126–129.
[214] Vgl. P. Noelke, Art. „Köln, I.Antike", in: LexMA 5, Stuttgart 1999, Sp. 1261–1264. (abgerufen am 4.Juni 2021).
[215] Ebd. S.127.
[216] Ebd. S. 128.
[217] Vierzehn Aussagen, in: Sodom und Gomorrha, Hergemöller, S. 129.
[218] Vgl. Fall Johann Greeffroide, in: Sodom und Gomorrha, S.130.
[219] Vgl. Fall Johann Greeffroide, in: Sodom und Gomorrha, S.130.
[220] Vgl. Hergemöller, Sodom und Gomorrha, S. 105.

davon ausgegangen werden, dass es sich bei dem Beschuldigten um Johann Greeffroide handelte.

Der, in den Quellen als junge Bürger erwähnte, berichtete davon, dass Greeffroide ihn bat ihm Gesellschaft zu leisten und ihn in „Der Kolenmesser kamer"[221] bedrängte. Er konnte fliehen wurde aber von Greeffroide die folgenden Tage weiter bedrängt, es kam zu einem zweiten Vorfall dieser Art. Daraufhin beichtete der Bürger, der in den Quellen anonym blieb, die Vorkommnisse einem Geistlichen. Um weitere Maßnahmen zu verhindern, zahlte Greeffroide an den jungen Bürger ein Schweigegeld.[222] Im selbem Jahr versuchte der Beschuldigte ähnliches bei einem in den Quellen als „junger Geselle" bezeichneten Jungen. Unter Vorwand eins Abendessens lockte Greeffroide den Jungen zu sich nach Hause und näherte sich auch ihm sexuell.[223] Nach den Aussagen der beiden Jungen wurden weitere Zeugen befragt. Es sollte mit hoher Sicherheit der besagte Geistliche befragt werden, dieser war jedoch nicht aufzufinden. Ein Zeuge berichtet jedoch von einem Geistlichen, der ihm die Vorgänge genauso bestätigte.[224] Daraus kann geschlossen werden, dass die Zeugen den Ratsherren nicht direkt anklagen wollten und deshalb der Geistliche jemand anderen vorschickte. Ein weiterer Zeuge war der Ratsherr Godart van deme Wasservasse, der die sodomitischen Vorfälle nicht bestätigen wollte. Allerdings konnte, aufgrund von schriftlichem Austausch bestätigt werden, dass Godart bei dem Austausch des Schweigegeldes zwischen Greeffroide und dem jungen Bürger vermittelte. Godart stritt ab, dass dieses Geld im Zusammenhang mit unangesehenem Verhalten stand.[225] Aufgrund dessen lässt sich vermuten, dass Godart das unzüchtige Verhalten Greeffroides bewusst war. In den Quellen ließen sich nur die Aussagen der Zeugen sicherstellen, ein mögliches Urteil konnte nicht gefunden werden. Es kann angenommen werden, dass die Untersuchungskommission die Ermittlung in diesem Fall einstellte. Zum einem, da der Hauptverdächtige tot war und die Aussage der Ratsherr Godarts deutlich machte, dass noch lebende Ratsherren von diesem Fall betroffen waren, Mitwissen macht hier auch zum „Täter", und somit hätten die Ermittlung auf den Rat zurückgeworfen werden können.

---

[221] Vgl. Fall Johann Greeffroide, in: Sodom und Gomorrha, Hergemöller, S.130.
[222] Vgl., Ebd. S. 131f.
[223] Vgl., Ebd. S. 131–134.
[224] Vgl. Fall Johann Greeffroide, in: Sodom und Gomorrha, Hergemöller, S.134.
[225] Vgl. Ebd. S.135.

2.2.2. Der Fall des Seger Sydverwers

In das Jahr der Gründung der Untersuchungskommission lässt sich ein weiterer Fall einordnen, dieser wurde auf einem losen, undatierten Blatt mitgeteilt.[226] Einem gewissen Seger Sydverwer wurde vorgeworfen Niclaus van Sant Niclaus aus Lothringen, überden es in den Quellen keine genaueren Auskünfte gibt, nach einem Fest in seinem Haus behalten zu haben und ihn bat die Nacht mit ihm zu verbringen. Niclaus graute es davor.um ihn zu besänftigen, bot Seger ihm Schweigegeld an und ließ Niclaus gehen. Dieser musste vor der „Freilassung" in einem Eid versprechen, dass er in derselben Nacht zurückkommen würde. Niclaus verließ Segers Haus und kehrte nicht zurück.[227] Mit Sydverwer ist vermutlich der Beruf des Seidenfärbers gemeint. Die Quelle gibt keine genaue Auskunft über das Untersuchungsverfahren, falls eines stattgefunden hätte. Gibt uns aber Auskunft, in welchen gesellschaftlichen Schichten die „stumme Sünde" vorkam.

2.2.3. Der Fall des Jacobs dem Grecken

In der Rechtsquelle aus dem Jahr 1500 des Falles Jacob der Geck gegen Kruysgin Wyncoeffer (8. Oktober 1500) wurden acht Zeugen und Zeuginnen von Turmmeistern und Sonderdelegierten des Rates von Köln, im Rahmen einer Delegiertenmission, befragt. Die Untersuchungskommission von 1484 tauchte nicht mehr in den Quellen auf. Außerdem wurden das „Opfer" Jacob Hondertosse und der mutmaßliche Täter Kruysgin Wyncoeffer befragt. Die ursprüngliche Quelle besteht aus acht Protokollen, sowie den Aussagen des Angeklagten und des Opfers. Kruysgin wurde vorgeworfen Jacob in seinem eigenen Haus anal vergewaltigt zu haben.[228] Der Name Kruysgin lässt darauf schließen, dass er einer Kaufmannsfamilie des mittleren Bürgertums angehörte und Weinkäufer (*„Wyncoeffer")* war. Über den gesellschaftlichen Stand Jacobs gibt es keine Information. Sein Wohnsitz konnte festgestellt werden, er lebte noch bei seiner Mutter. Der Vorfall sollte sich wie folgt abgespielt haben: Jacob wurde auf der Straße von dem verheiraten, hausbesitzenden Weinhändler Kruysgin angesprochen. Er wurde von Jacob mit in seine Wohnung geführt und dort anal vergewaltigt. Die Aussagen der Zeugen stimmten mit der beschriebenen Situation überein. Waulffgangck Sedelmacher will gesehen haben, wie Kruysgin Jacob in sein Haus führte. Als Jacob das Haus

---

[226] Vgl. Hergemöller, Sodom und Gomorrha, S.111.
[227] Vgl. Fall Niclaus van Sant Niclaus aus Lothringen gegen Seger Sydverwer (Juni/Juli 1484?), in: Sodom und Gomorrha. Zur Alltagswirklichkeit und Verfolgung Homosexueller im Mittelalter, hrsg. v. Bernd- Ulrich Hergemöller, Hamburg 2000, S. 135.
[228] Vgl. Fall Jacob der Geck gegen Kruysgin Wyncoeffer (8. Oktober 1500), in: Sodom und Gomorrha. Zur Alltagswirklichkeit und Verfolgung Homosexueller im Mittelalter, hrsg. v. Bernd-Ulrich Hergemöller, Hamburg 2000, S. 136–140.

wieder verließ, erzählte er Waulffganck von dem Vorfall[229]. Auch zwei Nachbarinnen wollten das Geschehen so bestätigen.[230] Die letzte Aussage machte der Beschuldigte selbst. Er wies alle Schuld von sich ab.[231]

Über den Ausgang dieses Falles lässt sich in den Quellen nichts finden. Es kann sein, dass der Fall ähnlich wie bei Greeffroide verschwiegen wurde, um kein weiteres Aufregen zu erregen. Wahrscheinlicher ist jedoch, dass aufgrund der hohen Anzahl von Zeugenaussagen Kruysgin nicht freigesprochen wurde und eine schwere Strafe bekommen haben musste. Orientiert wurde sich hierbei vermutlich an Bußbüchern, die

„Priestern als Handbücher für Seelsorge dienen sollten."[232] Sie enthielten eine Art Sündenregister zur Bestrafung das je nach Art und der Schwere des moralischen Vergehens fungierten.[233] Sie wurden vermutlich im 6. Jahrhundert in ganz Europa verbreitet.[234] Da es sich bei Köln um eine christliche Kirchenprovinz handelte[235], orientierte sich der Rat vermutlich an diesen Vorgaben. Die Bußbücher sahen für Homosexuelle im Grunde keine physischen Strafen vor, wohl aber die Verpflichtung zum Bekenntnis[236] (was Kruysgin nicht tat) und einen Ausschluss für 15 Jahren aus der kirchlichen Gemeinschaft, in der sie Buße tun sollten.[237] Laut Spreitzer ging mit der Buße „ein nicht zu unterschätzender psychischen Terror"[238] einher und damit mögliche existenzielle soziale Ausgrenzungen.

2.3. Allgemeine Schlussfolgerung der betrachteten Quellen

In Köln gab es keine umfassende systematische Verfolgung, wie es aus anderen mittelalterlichen Städten bekannt ist. Gerade aus der Quelle des Jahres 1484 wurde deutlich, dass der Kölner Rat auf jegliche strafrechtliche Verfolgung verzichtete. Sie lassen sich dementsprechend nicht optimal in den allgemeinen Forschungskontext der Sodomie einordnen. Trotzdem lohnt es sich die Quellen in Köln genauer zu betrachten, da Köln zu einer der größten Städte zählte und die Quellenlange optimal ist, um Auskunft über die „stumme Sünde" im

---

[229] Vgl. Fall Jacob der Geck, in: Sodom und Gomorrha, Hergemöller, S. 136–140.
[230] Vgl. Ebd. S. 137.
[231] Vgl. Ebd. S. 139f.
[232] Zitiert nach Spreitzer, Die stumme Sünde, S.25.
[233] Vgl. Ebd.
[234] Vgl. Ebd.
[235] Vgl. Art. „Köln, I. Erzbischöfe", in: LexMA 5, Stuttgart 1999, Sp. 1261–1264. (abgerufen am 4. Juni2021).
[236] Vgl. Spreitzer, Die stumme Sünde, S.26.
[237] Vgl. Bußbestimmungen bei „sodomitischer Unzucht" (1208/13), in Ulrich Nonn (Hrsg.), Quellen zur Alltagsgeschichte im Früh- und Hochmittelalter (=Bd.1), Darmstadt 2003, S.205.
[238] Spreitzer, Die stumme Sünde, S.26.

deutschsprachigen städtischen Leben zu erhalten. Außerdem können, aus dem im Hauptteil behandelten Quellen, allgemeine Schlussfolgerungen gemacht werden.

Die oben genannten Quellen haben [1] einen hohen Aussagewert über die damalige Sprache und Begrifflichkeiten in der sexualspezifischen Mentalität der durchschnittlichen Bevölkerung der Kölner*innen. Im Falle des Jacobs dem Grecken fallen z.b. in der ersten Aussage des Waulffgangck Sedelmacher verschiedene Begriffe für das männliche Glied auf. Er bezeichnete es als *„zerss"[239]* oder *„dinck"[240]*, aber auch Begrifflichkeiten wie *„zebell"[241]* tauchten auf. Auffällig sind auch die Begriffe, diebenutzt wurden, um den analen Verkehr zu beschreiben: *„stach in den arsch"[242]*,

„geknufft hett in dem arsse"[243] (heute: Analverkehr). Anhand dieser Quellen kann davon ausgegangen werden, dass sich zum Ende des 15. Jahrhunderts eine allgemein verständliche „Sprache" für sodomitisches Verhalten entwickelte und das Kenntnis überdie angewandten sexuellen Methoden bestand.

Die Quellen geben uns [2] Auskunft über die soziale Herkunft und Struktur der spätmittelalterlichen städtischen Homosexuellen. Vermutlich war jede soziale Schicht von der „stummen Sünde" betroffen. Die meisten dokumentierten Vorfälle sind im „bürgerlichen Mittelstand" verordnet, wie die betrachteten Quellen aus den Jahren 1484 und 1500 vermuten lassen. Aus den Fällen des Seger Sydverwer und des Jacobs dem Grecken lassen es sich auf Berufe wie Seidenfärber oder Weinkäufer schließen. Auch die oberste gesellschaftliche Schicht blieb nicht unberührt von der „stummen Sünde", wie der Fall des Greeffroide verdeutlicht, der als Turmmeister seinen Lebensunterhalt verdiente und als Ratsherr tätig war. Allen Verdächtigten kann ein fester Wohnsitz zugeordnet werden. So beschreibt das Opfer im Falle des Jacobs dem Grecken, dass er ihn mit nach Hause nahm, in das Haus der Mutter.[244] Personen, die heute als Randgruppen bezeichnen werden wie Bettler, Pfeifer, Spielleute und Dirnen tauchen in den behandelten Quellen nicht auf. Vermutlich gab es auch in den untersten gesellschaftlichen Schichten „sodomitische" Vorfälle, aber wahrscheinlich war der Aufwand für den Rat zu hoch, da diejenigen die sowieso überflüssig waren und vertrieben werden sollten. Hergemöller unterstützt diese Vermutung. Er geht davon

---

[239] Vgl. Fall Jacob der Geck in: Sodom und Gomorrha, Hergemöller, S. 136.
[240] Ebd. S. 137.
[241] Ebd. S. 138.
[242] Vgl. Ebd. S. 136.
[243] Ebd. S. 137.
[244] Vgl. Fall Jacob der Geck [9], in: Sodom und Gomorrha, Hergemöller, S. 138.

aus,dass der Rat größeren Wert darauf legte die ökonomisch und politisch tragenden Schichten, die aus Handwerkern und Gewerbetreibenden bestanden, moralische Regeln vorzugeben und diese zu kontrollieren.[245]

[3] Die Quellen geben außerdem einen kleinen Einblick in die Sozialtopographie und die Alltagswirklichkeit der Homosexuellen. Der Pfarrer von St. Martin gibt Auskunft darüber, dass die Homosexuellen sich vor allem auf dem *„Hewmart"*[246] *(Heumarkt)* aufhielten. Greeffroide taucht in den Quellen als Händler auf,[247] deshalb kann davon ausgegangen werden, dass auch er auf dem Heumarkt verkehrte. Dies stützt die Aussage des Pfarrers. Er bezeichnete außerdem die Homosexuellen als *„vuyle geselschafft"*[248] (faule Gesellschaft). Die „Sünder" wurden zum einem als faul angesehen, was auch so viel bedeuten kann wie verdorben.[249] Andererseits lässt der Begriff Gesellschaft darauf schließen, dass die „Sodomiter" als eine eigene Gruppierung war genommen wurden. Genaue Angaben über die Anzahl der Homosexuellen gibt es nicht. Der Pfarrer schätzt die Zahl der „stummen Sünder" auf 200 in Köln.[250] Woher er diese Zahlen nimmt ist nicht bekannt. Es kann davon ausgegangen werden, dass dies ein Versuch war die Sünde in Zahlen zu messen, sie als etwas greifbares darzustellen. Mit der Vorstellung, war auch verbunden, dass Homosexuelle an ihrem Aussehen und Verhaltensformen klar identifiziert werden konnten.

[4] Die Quellen zeigen, dass Homosexualität verpönt und nicht gut angesehen war, aber sich „Sodomiter" teilweise auf die Unterstützung durch nahstehende Personen verlassen konnten. Der Pfarrer von St. Martin äußerte diese Befürchtung. Er vermutete, dass aus Angst vor Repressalien durch Verwandte und Ratsfreunde die öffentliche Anklage verhindert werden konnte,[251] wie der Fall des Greeffroide zeigte.

---

[245] Vgl. Hergemöller, Sodom und Gomorrha, S.116.
[246] Vierzehn Aussagen [11]: in: Sodom und Gomorrha, Hergemöller, S. 129.
[247] Vgl. 682. Köln an die Kölner Bürger in London, in: Quellen zur Geschichte des Kölner Handels und Verkehrs im Mittelalter. 1450–1500 (=Bd. 2), hrsg. v. Bruno Kuske, Bonn 1978, S.357.
[248] Vierzehn Aussagen [11]: in: Sodom und Gomorrha, Hergemöller, S. 129.
[249] Vgl. Art. „faul", in: Duden (2021), https://www.duden.de/rechtschreibung/faul (12.5.2021).
[250] Vgl. Klagen des Pfarrers von St. Aposteln in: Sodom und Gomorrha, Hergemöller, S. 124.
[251] Vgl. Vierzehn Aussagen [11.], in: Sodom und Gomorrha, Hergemöller, S. 129.

3. Fazit

Zusammenfassen kann in Köln keine umfassende systematische Verfolgung festgestellt werden, wie es z.B. in Venedig durch das „collegium contra sodomitas" üblich war. Auch die Untersuchungskommission blieb wahrscheinlich nicht bestehen. Erstmals zusammengerufen wurde sie 1484, aber schon 16 Jahre später, bei dem Fall Jacobs des Gecken, taucht die Untersuchungskommission nicht mehr in den Quellen auf. Esscheint als konnte sich das Lager der Geistlichen durchsetzen. Die Ratsherren hatten den Vorschlag der Geistlichen, „sodomitische Vorfälle" zu verschweigen, angenommen. Warum die Ratsherren ihre Meinung änderten und die Untersuchungskommission auflösten, lässt sich aus den Quellen nicht ableiten. Grund dafür könnte sein, dass sehr viele Bürgerliche und Wohlhabende zu den „Tätern" gehörten und sich der Rat einerseits durch ihr Mitwissen selbst schuldig gemacht hätte. Andererseits wollte der Rat verheimlichen, dass auch die eigene Gesellschaftsschicht von Homosexualität befallen war und nicht wie zunächst, durch die Beichtväter angenommen, nur die armen[252] und den „ wilden luden "[253] betroffen waren. Dies verdeutlicht der Fall Greeffroide, der nicht weiterverfolgt wurde. Spätere Vorkommnisse, wie der Fall des Jacob dem Gecken, wurden im Rahmen der allgemeinen Exekutive behandelt und blieben auf Einzelfälle beschränkt.

Das Thema Homosexualität wurde meines Erachtens in der Forschung noch nicht ausreichend behandelt. In Köln bekommen wir nur einen geringen zeitlichenEinblick zum Umgang mit Homosexuellen. Um noch mehr über die Topographische Zuordnung, das Alltagsverhalten, die Sozialstrukturen, die Sprach- und Kommunikationsformen zu erfahren, sollte die „Sodomiterforschung" hier noch nicht aufhören. Es sind noch weitere Städte zu betrachten und festzustellen, ob sich eine allgemeine Schlussfolgerung im deutschsprachigen Raum machen lässt. Es bleibennoch interessante Fragen in diesem Bereich offen, die auch für die heutigen Umständen von Homosexuellen bedeutend sein könnten, z.B. ob die damalige Tabuisierung des Themas die Grundlage legte für den Andauernden (negativen) Umgang mit Homosexualität.

---

[252] Ebd. S.127.
[253] Ebd. S.128.

4. Wissenschaftlicher Apparat

QuellenverzeichnisGedruckte Quellen

Beauftragung der Untersuchungskommission (21. Juni und 12. Juli 1484), in: Sodom und Gomorrha. Zur Alltagswirklichkeit und Verfolgung Homosexueller im Mittelalter, hrsg. v. Bernd-Ulrich Hergemöller, Hamburg 2000, S.123f.

Bußbestimmungen bei „sodomitischer Unzucht" (1208/13), in: Quellen zur Alltagsgeschichte im Früh- und Hochmittelalter, Teil I, hrsg. v. Ulrich Nonn (= FSGA 40a), Darmstadt 2003, S.203–209.

Klagen des Pfarrers von St. Aposteln (Anfang Juni 1484)), in: Sodom und Gomorrha. Zur Alltagswirklichkeit und Verfolgung Homosexueller im Mittelalter, hrsg.

v. Bernd-Ulrich Hergemöller, Hamburg 2000, S. 124f.

Fall Jacob der Geck gegen Kruysgin Wyncoeffer (8. Oktober 1500), in: Sodom und Gomorrha. Zur Alltagswirklichkeit und Verfolgung Homosexueller im Mittelalter, hrsg. v. Bernd-Ulrich Hergmöller, Hamburg 2000, S. 136–140.

Fall Johann Greeffroide (nach 12. Juli 1484, rückbezogen auf 1481/82), in:Sodom und Gomorrha. Zur Alltagswirklichkeit und Verfolgung Homosexueller im Mittelalter, hrsg. v. Bernd-Ulrich Hergmöller, Hamburg 2000, S. 130–135.

Fall Niclaus van Sant Niclaus aus Lothringen gegen Seger Sydverwer (Juni/Juli 1484?), in: Sodom und Gomorrha. Zur Alltagswirklichkeit und Verfolgung Homosexueller im Mittelalter, hrsg. v. Bernd-Ulrich Hergmöller, Hamburg 2000, S. 135f.

Ratschlag der Theologieprofessoren (nach 21. Juni 1484), in: Sodom und Gomorrha. Zur Alltagswirklichkeit und Verfolgung Homosexueller im Mittelalter, hrsg.

v. Bernd-Ulrich Hergmöller, Hamburg 2000, S.125f.

Sodom und Gomorra werden zerstört, in: Neues Leben. Die Bibel, 1. Mo 19,1–29, hrsg. v. SCM R. Brockhaus, 2019.

Vierzehn Aussagen von dreizehn Beichtvätern (nach 21. Juli 1484), in: Sodom und Gomorrha. Zur Alltagswirklichkeit und Verfolgung Homosexueller im Mittelalter, hrsg. v. Bernd-Ulrich Hergmöller, Hamburg 2000, S.126–129.

21. Notwendigkeit der Beichte, Schweigepflicht des Priesters und Empfang der Kommunion wenigstens an Ostern, in: Conciliorum oecuenicorum decreta. Konzil des Mittelalters. Vom

ersten Laterankonzil (1123) bis zum fünften Laterankonzil (1512–1517), hrsg. und übers. v. Josef Wohlmuth/Gabriel Sunnus (=Bd. 2), Paderborn/München/Wien/Zürich 2000, S. 245.

682. Köln an die Kölner Bürger in London, in: Quellen zur Geschichte des Kölner Handels und Verkehrs im Mittelalter. 1450–1500 (=Bd. 2), hrsg. v. BrunoKuske, Bonn 1978, S.357.

5. Literaturverzeichnis

Art. „Köln, I. Erzbischhöfe", in: LexMA 5, Stuttgart 1999, Sp. 1261–1264.(abgerufen am 4. Juni 2021).

Bahners, Patrick, Bernd-Ulrich Hergemöller. Und wie verschwenderisch sein Schreiben. Mann für Mann, Buch für Buch. Ein Pionier der Historiographie der Homosexuellen, in: Frankfurter Allgemeine Zeitung Nr.242, 18. Oktober 2010, S. 32.

Hergemöller, Bernd-Ulrich, Art. „Homosexualität, I. Westlicher Bereich", in: LexMA 5, Stuttgart 1999, Sp. 113–114. (abgerufen am 3. Juni 2021)

Hergmöller, Bernd-Ulrich, Sodom und Gomorrha. Zur Alltagswirklichkeit und Verfolgung Homosexueller im Mittelalter, Hamburg 2000.

Hergemöller, Bernd-Ulrich, Sodomiter – Erscheinungsformen und Kausalfaktoren des spätmittelalterlichen Kampfes gegen Homosexuelle, in: Bernd- Ulrich Hergemöller (Hrsg.), Randgruppen der spätmittelalterlichen Gesellschaft,2Fahlbusch 1994, S. 3. 361–403.

Labalme, Patricia H., Sodomy and Venetian Justice in the Resaissance, in:Tijdschrift voor rechtsgeschiedenis 52 (1984), S. 217–254

Noelke, P., Art. „Köln, I.Antike", in: LexMA 5, Stuttgart 1999, Sp. 1261–1264. (abgerufen am 4. Juni 2021).

Pongratz, Elisabeth, Vatikan lehnt Segnung ausdrücklich ab, in: TagesschauOnline (März 2021). URL: https://www.tagesschau.de/ausland/europa/vatikan-segnung- homosexuelle-101.html (10. Juni 2021)

Spreitzer, Brigitte, Die stumme Sünde. Homosexualität im Mittelalter, Göppingen 1988.

Einzelpublikationen

Baskaya, Talia (Autor:in), 2016, Darstellungen und Wertungen von Liebe in Mittelalter, Neuzeit und Gegenwart, GRIN-Verlag, https://www.grin.com/document/536595

Kölsch, Saskia (Autor:in), 2014, Homosexualität im Mittelalter, GRIN-Verlag, https://www.grin.com/document/371209

Krüger, Alexandra (Autor:in), 2012, Sexualität im Mittelalter - Zwischen Sexualität, Kirche und Gesellschaft, GRIN-Verlag, https://www.grin.com/document/193475

Gamba, Greta (Autor:in), 2021, Homosexualität und Diskriminierung im Mittelalter. Die "stumme Sünde", GRIN-Verlag, https://www.grin.com/document/1151389